Friedrich Haarhaus

Früchte des Jahres – Ernte des Lebens

Christliches Hausbuch für den Jahres- und Lebenskreis

LEBENSSEGEN

Mögest du die reichen Lebenstage
in deinem Herzen dankbar bewahren.
Mit den Jahren
möge jede Gabe wachsen,
die Gott dir verliehen hat,
um andere mit Freude zu erfüllen
und glücklich zu machen.
Und bedenke, wie du es auch tust:
Gott lächelt dir zu.

Irischer Segenswunsch

FRIEDRICH HAARHAUS

Früchte des Jahres
Ernte des Lebens

CHRISTLICHES HAUSBUCH
FÜR DEN JAHRES- & LEBENSKREIS

benno

SEGEN FÜR DAS JAHR

Ich wünsche dir
die zärtliche Ungeduld des Frühlings,
das milde Wachstum des Sommers,
die stille Reife des Herbstes
und die Weisheit des erhabenen Winters.

Irischer Segenswunsch

Früchte des Jahres
–
Ernte des Lebens

Christliches Hausbuch
für den Jahres- und Lebenskreis

benno

WEIHNACHTSZEIT

Vom Himmel in die tiefsten Klüfte
ein milder Stern herniederlacht.
Vom Tannenwalde steigen Düfte
und hauchen durch die Winterlüfte,
und kerzenhelle wird die Nacht.

Mir ist das Herz so froh erschrocken,
das ist die liebe Weihnachtszeit!
Ich höre fernher Kirchenglocken
mich lieblich heimatlich verlocken
in märchenstille Herrlichkeit.

Ein frommer Zauber hält mich wieder,
anbetend, staunend muss ich stehn;
Es sinkt auf meine Augenlider
ein goldner Kindertraum hernieder,
ich fühl's, ein Wunder ist gescheh'n.

Theodor Storm

Advent und Weihnachten/Winter

Wichtige Ereignisse der 1950er und 60er Jahre

Dezember

6. Dezember 1950
Pius XII. ruft zu öffentlichen Friedensgebeten auf.

7. Dezember 1965
Der Papst und der Patriarch von Konstantinopel heben gleichzeitig ihre gegenseitige Bannung durch das Morgenländische Schisma von 1054 auf.

8. Dezember 1962
Ende der I. Sitzungsperiode des Zweiten Vatikanums.

Januar

5. Januar 1964
Papst Paul VI. trifft bei seiner Reise ins Heilige Land, der ersten Auslandsreise eines Papstes in der neuen Kirchengeschichte, zum ersten Mal mit dem Ökumenischen Patriarchen Athenagoras I. von Konstantinopel zusammen.

1955
Bis zu seinem letzten Konzert 1955 gab Albert Schweitzer europaweit Orgelkonzerte, um in Gabun sein Urwaldhospital Lambaréné zu finanzieren.

Februar

15. Februar 1966
Kurt Scharf wird evangelischer Bischof von Berlin.

17. Februar 1958
Kinostart des Films „Die zehn Gebote" in Deutschland

17.-19. Februar 1964
Die Fuldaer Bischofskonferenz beschließt, künftig die Lesungen in der Messfeier stets in der Muttersprache. vorzutragen.

17. Dezember 1961
In Berlin wird die Kaiser-Wilhelm-Gedächtniskirche eingeweiht.

19. Dezember 1960
Der Film „Das schwarze Schaf“ mit Heinz Rühmann als Pater Brown in der Hauptrolle feiert Premiere.

25. Dezember 1961
Papst Johannes XXIII. beruft offiziell das Zweite Vatikanische Konzil ein.

25. Dezember 1955
Papst Pius XII. veröffentlicht seine Enzyklika „Musicae sacrae disciplina“ zur Kirchenmusik.

14. Januar 1960
Albert Schweitzer feiert seinen 85. Geburtstag

24. Februar 1969
Joseph Höffner wird Erzbischof von Köln.

Advent und Weihnachten: so war es früher

Das friedliche Miteinander begann bei uns, wenn die Eltern die alten Wurzeln und Steine, die Kartons mit der Krippe und den Figuren vom Keller holten. Wir inspizierten, was zu reparieren, was nicht mehr zu gebrauchen, was zu ersetzen war. Ebenso schauten wir uns die Puppen, Puppenbettchen und -kleider an, die Puppenstube und den -wagen, überhaupt alles Spielzeug, das Dreirädchen, den Roller, das Fahrrädchen etc. Um Platz für Neues vom Christkind zu schaffen, wurde manches entsorgt und überlegt, wem man mit gut erhaltenen Bilderbüchern etc. eine Freude machen kann. Auch die Aktion „Weihnachten im Schuhkarton" wurde bedacht, anderes dem Christkindlmarkt gegeben.

Aber nicht nur im engsten Familienkreis wurde gebastelt und gewerkelt, auch in den Gruppen der Gemeinde/Pfarrei. In einem Seniorenklub wurden unter der rücksichtsvollen Anleitung der Leiterin Krippenfiguren getöpfert. Die Alten hatten sich das nicht zugetraut. Aber die Leiterin sorgte dafür, dass die Figuren etwa gleich proportioniert wurden. Das Laienhafte sah man ihnen an. Zu Weihnachten stand die Senioren-Krippe im Seitenschiff. Für die Senioren ein Erfolgserlebnis.

Gemeinsames Tun hatte sie zum Erzählen gebracht. – „Am ersten Advent", erzählte eine aus ihrem Leben auf dem Bauernhof, „wurde die Holzkrippe in die Wohnstube geholt. Von da an legten wir für jede gute Tat, für jedes gute Wort einen Strohhalm in die Krippe. Das Christkind sollte am Heiligabend auf möglichst viel Stroh liegen." – Andere erzählten: „Wir standen vor der verschlossenen Tür zum Weihnachtszimmer, bis von innen ein helles Glöckchen ertönte. Wir sangen ‚Komm, o mein Heiland Jesu Christ, meins Herzens Tür dir offen ist'. Die Tür zum Weihnachtszimmer öffnete sich. Wir standen vor dem Christbaum und sahen die Geschenke, noch verdeckt. Erst wur-

ADVENT

Es treibt der Wind im Winterwalde
die Flockenherde wie ein Hirt,
und manche Tanne ahnt wie balde
sie fromm und lichterheilig wird.
Und lauscht hinaus. Den weißen Wegen
streckt sie die Zweige hin – bereit
und wehrt dem Wind und wächst entgegen
der einen Nacht der Herrlichkeit.

Rainer Maria Rilke

BEDENKE BEIM SCHENKEN

Schenke groß oder klein,
aber immer gediegen,
Wenn die Bedachten
die Gabe wiegen,
sei dein Gewissen rein.

Schenke herzlich und frei.
schenke dabei,
was in dir wohnt
an Meinung, Geschmack und Humor,
so dass die eigene Freude zuvor
dich reichlich belohnt.

Schenke mit Geist ohne List.
sei eingedenk,
dass dein Geschenk
du selber bist.

Joachim Ringelnatz

de ‚Stille Nacht, heilige Nacht' gesungen. Vater oder Mutter lasen die Weihnachtsgeschichte vor. Eine von uns sprach ein Gebet. Es folgte das Lied ‚O du fröhliche, o du selige'. Dann wurden die Geschenke verteilt."

Eine erzählte, sie sei auf einem Bergbauernhof aufgewachsen. Am Heiligen Abend sei der Vater mit dem Weihrauchkessel durch alle Räume, auch den Söller und die Stallungen gegangen. Zwei ihrer Brüder hätten ihm mit Laternen geleuchtet. Zuletzt seien Vater und die beiden Buben über ihnen zu hören gewesen und wie sie die Holztreppe herunter gekommen seien. Danach habe bei ihnen der Heilige Abend begonnen. Höhepunkt sei die Christmette in der Kirche gewesen.

Das sei auch bei ihnen Tradition gewesen, erinnerte sich eine andere. „In den Tagen vorher überholte der Vater mit den Jungen den Stall für die heilige Familie, die Krippe und die Krippenfiguren, auch den Weg zum Stall, den Zaun, die Bäume und Sträucher. Auch am Verkündigungsengel, den Hirten, den drei Königen und ihrem Gefolge, an ihren Kamelen und Pferden, an Ochs und Esel gab es immer etwas auszubessern oder neu anzumalen. Mutter bastelte mit den Mädchen Strohsterne und andere Behänge für den Christbaum. An den Kleidern der Familie, auch der Puppen gab es immer etwas zu nähen, zu stopfen, zu flicken, zu bügeln. Spannend war für uns, wenn Neues geschneidert wurde."

Eine pensionierte Lehrerin berichtete aus der Schule: „Wir haben wie in Skandinavien einen Adventsbaum gebastelt, den wir jedes Jahr neu aufstellen konnten. Der Schreiner hatte uns verschieden lange Bretter gesägt, die mit dem Hauptstamm verfugt wurden. Der Stamm wurde in einen Holzständer eingelassen, alles wurde grün gebeizt oder mit weißem Bohnerwachs eingerieben. Die Bretter boten genügend Platz, jeden Tag etwas anderes darauf zu stellen, zu legen oder daran zu hängen. Es gab dicke rote Kerzen, Silberdisteln, Äpfel, silbern oder golden bemalte Nüsse, Strohsterne, ausgesägte, bunt bemalte Figuren. Mit den Größeren haben wir Figuren geschnitzt oder modelliert."

Eine andere Lehrerin erklärte anhand von Fotos, wie sie mit den Klassen drollige Kerle aus getrockneten Pflaumen, Feigen und Nüssen mit Drahtstücken zusammengesetzt hat: „Zwei Nüsse wurden entlang der Naht aufgesägt. In jede Hälfte kam ein Loch mit einer glühenden Stricknadel oder mit einem feinen Bohrer. Das waren die Schuhe. Ein Drahtstück wurde mit einem Widerhaken im Nussfleisch des einen Schuhs festgemacht, durch zwei Pflaumen (ein Bein) und fünf flache Feigen (der Leib) und wieder durch zwei Backpflaumen (ein Arm) gezogen und umgebogen (Hand). So auch der andere Draht vom anderen Schuh durch zwei Pflaumen (das andere Bein), durch die fünf Feigen (Leib) und durch zwei Pflaumen (der andere Arm) und wieder zu einem Haken umgebogen (Hand). Ein drittes Drahtstück hielt mit einem großen Widerhaken von unten die Feigen zusammen und wurde oben in die natürliche Öffnung einer ganzen Nuss (Kopf) gesteckt. Der Nuss wurde ein lustiges Gesicht aus Punkten und einem

Strich aufgemalt, Wollfäden als Haare angeklebt, Hut oder Kopftuch aufgesetzt. Die Männlein bekamen ein Halstuch einmal um jeden Armdraht geschlungen. Die Frauchen bekamen einen Rock aus Krepppapier oder Stoff.

Ein Mann ergänzte: „Meine ältere Schwester strickte mit viel Geduld Schals, Strümpfe und Pullover. Die mittlere Schwester stickte Blumen auf einen Stoff für eine Tischdecke. Ich war der Jüngste. Ich hatte einen Laubsägekasten zum Geburtstag bekommen. Ich bastelte erst einen Hampelmann für einen kleinen Jungen bei uns im Haus, bemalte ihn und verband die Arme und Beine mit dünner Kordel an den Leib des Hampelmannes. Das machte so viel Spaß, dass ich eine ganze Reihe Hampelmänner bastelte und für wenig Geld verkaufte. So konnte ich allen etwas von Selbstverdientem schenken."

Da hörte alle Feindseligkeit mit einem Mal auf

Das Lied „Stille Nacht, heilige Nacht" erklang erstmals 1818 in der ungeheizten kleinen Dorfkirche in Oberdorf, Österreich – aus Verlegenheit, weil die Orgel ausgefallen war. Der Hilfsgeistliche Joseph Mohr (1792–1848) hatte den Text, sein Freund, der Lehrer, Messner und Organist Franz Xaver Gruber (1787–1853) die Melodie geschrieben. In der Christmette übernahm der Priester Mohr die Gitarrenbegleitung und sang Tenor. Gruber sang Bass und dirigierte am Schluss jeder Strophe einen kleinen Chor. Dass ihr Lied um die halbe Welt ging, haben die beiden Freunde nicht mehr erlebt. Der Hilfsgeistliche Mohr wurde in einem Armengrab in Wagrain (bekannt durch Karl Heinrich Waggerl) beigesetzt.

Viele Geschichten ranken sich um dieses Lied. Die folgende erzählte mir in Kanada ein Tankstellenwärter. Er hatte mich zum Weihnachtsessen eingeladen. Er schaute mich unentwegt an. Zum Glück sprachen seine Frau und sein Sohn freundlich mit mir. Doch nach dem Essen erzählte er. Er musste sein Erlebnis unbedingt einem Deutschen erzählen: Heiligabend 1917 hatten deutsche Soldaten an seinem Frontabschnitt in Frankreich brennende Kerzenstummel auf den Stacheldraht gesteckt. Die Kanadier vermuteten eine Kriegslist und warteten im Anschlag. Die Deutschen traten ohne Waffen aus dem Schützengraben und winkten die Kanadier zu sich. Erst zögerten sie, doch dann gingen sie. Freund und Feind hockten in den Bunkern um winzige Christbäume. Die Deutschen sangen „Stille Nacht, heilige Nacht", die Kanadier ihre Weihnachtslieder. Bevor sie sich trennten, schenkten sie sich gegenseitig ein bis zwei Bonbons oder Zigaretten, reichten sich die Hände und schauten sich in die Augen. Kein Schuss fiel mehr an diesem Frontabschnitt. Der Krieg hätte zum Stillstand kommen können, hätte sich diese völkerverbindende christliche Weihnacht überall durchgesetzt. Auf beiden Seiten mussten die Truppen ausgetauscht werden.

JOSEPH MOHR

Joseph Mohr, der Dichter des bekannten Weihnachtsliedes „Stille Nacht, heilige Nacht", kam 1792 in Salzburg als Sohn armer Eltern zur Welt. Ein Domvikar erkannte das musikalische Talent des Jungen und ermöglichte ihm den Besuch des Gymnasiums und ein Theologiestudium. Nach seiner Priesterweihe 1815 kam er in mehreren Gemeinden als Hilfsgeistlicher zum Einsatz. Zwei Jahre war er in Oberndorf tätig, hier erklang auch sein Lied „Stille Nacht, heilige Nacht" zum ersten Mal.
Von 1837 bis zu seinem Tod 1848 war Mohr als Vikar der Pfarrkirche in Wagrain bei Salzburg tätig. Hier erreichte er, dass für die mehr als 100 Kinder des Ortes eine neue Schule gebaut wurde. Mohr sammelte Geld, um auch den Kindern mittelloser Eltern den Schulbesuch zu ermöglichen. Auch das Armen- und Altenheim geht auf seine Initiative zurück.

Stille Nacht! Heilige Nacht!

Stille Nacht! Heilige Nacht!
Alles schläft, einsam wacht
nur das traute heilige Paar.
Holder Knab im lockigten Haar,
schlafe in himmlischer Ruh!
Schlafe in himmlischer Ruh!

Stille Nacht! Heilige Nacht!
Gottes Sohn, o wie lacht
Lieb' aus deinem göttlichen Mund,
da uns schlägt die rettende Stund:
Jesus, in deiner Geburt!
Jesus, in deiner Geburt!

Stille Nacht! Heilige Nacht!
Die der Welt Heil gebracht,
aus des Himmels goldenen Höh'n
uns der Gnade Fülle lässt seh'n
Jesum in Menschengestalt,
Jesum in Menschengestalt.

Stille Nacht! Heilige Nacht!
Wo sich heut alle Macht
väterlicher Liebe ergoss
und als Bruder huldvoll umschloss
Jesus die Völker der Welt,
Jesus die Völker der Welt.

Stille Nacht! Heilige Nacht!
Lange schon uns bedacht,
als der Herr vom Grimme befreit,
in der Väter urgrauer Zeit
aller Welt Schonung verhieß,
aller Welt Schonung verhieß!

Stille Nacht! Heilige Nacht!
Hirten erst kundgemacht
durch der Engel Alleluja
tönt es laut bei Ferne und Nah:
Jesus der Retter ist da!
Jesus der Retter ist da!

Text: Joseph Mohr, 1818
Musik: Franz Xaver Gruber, 1818

„Es ist ein Ros entsprungen" – Eine Legende aus dem Kloster zu Corvey

„Mitten im kalten Winter, wohl zu der halben Nacht" (Str. 1) stapfte Bruder Bernhardus aus dem Benediktinerkloster Corvey an der Weser über den Klosterhof durch den Schnee zur Kapelle. Er wollte sie für die Christmette herrichten. Er trat ein und zog die Türe hinter sich zu. Nicht zu viel Wärme sollte dem Raum entweichen. Da sah er an der Mauer hinter dem Altar eine zarte Blüte. Bernhardus hatte dort etwas eingepflanzt, was ein Missionar aus dem hohen Norden mitgebracht hatte. – „Aber eine Blüte ‚mitten im kalten Winter'? Und das in der heiligen Weihnacht?" Er blieb davor stehen und dachte an die biblische Weissagung: „Doch aus dem Baumstumpf Isais wächst ein Reis hervor, ein junger Trieb aus seinen Wurzeln bringt Frucht."

Die Blüte hinter dem Altar empfand er als ein Sinnbild. Während er darüber meditierte, flogen ihm Gedanken und Worte zu. Sie formten sich zu Reimen. Er wiederholte sie so oft, bis sie sich in sein Gedächtnis eingeprägt hatten: „Es ist ein Ros entsprungen aus einer Wurzel zart, wie uns die Alten sungen, von Jesse kam die Art ..."

Die Geschichte aus Corvey ist eine Legende. Legenden erheben keinen Anspruch auf historische Wahrheit. Sie enthalten dennoch einen Kern an Wahrheit, oft in Anlehnung an historische Wahrheit. Historisch gesichert ist, dass Josef ein Judäer aus der Sippe „Jesses" (lateinisch; hebräisch „Isai") war. Deshalb musste er zur Eintragung in die Steuerliste mit Maria nach Betlehem. Aus Betlehem stammte Jahrhunderte zuvor König David, ein Sohn Jesses oder Isai.

Die Endzeile der zweiten Strophe verweist auf die Jungfräulichkeit Mariens. In der orthodoxen Liturgie ist Maria die „Allheilige" (Panagia) und die „immerwährende

Es ist ein Ros entsprungen aus einer Wurzel zart,
wie uns die Alten sungen, von Jesse kam die Art,
und hat ein Blümlein bracht mitten im kalten Winter,
wohl zu der halben Nacht.

Das Röslein, das ich meine, davon Jesaja sagt,
ist Maria, die Reine, die uns das Blümlein bracht.
Aus Gottes ewgem Rat hat sie ein Kind geboren
und blieb doch reine Magd.

Jungfrau". Auf Maria bezog man schon im Mittelalter das Reis, das aus dem Baumstumpf Isais wächst. Es brachte als Frucht den Messias hervor. Niemand konnte ahnen, dass aus der Sippe Jesses (Isais) der Messias kommen wird. Der Stamm Juda hatte seine Glanzzeit unter König David. Aber das lag schon tausend Jahre zurück. Kein Nachfahre Davids außer Salomo war seitdem bedeutend gewesen. Als kaum einer mehr an eine Verwirklichung der Prophezeiungen Jesajas dachte, bewahrheitete Gott sie – anders als erwartet.

Ein Geschenk des liebenden Gottes

Der Jesuitenpater Friedrich Spee, der bekannteste katholische Liederdichter der Barockzeit, dichtete mitten im Dreißigjährigen Krieg ein so tröstendes Lied wie „Zu Betlehem geboren ist uns ein Kindelein“. Man nannte Friedrich Spee den „göttlichen Minnesänger“. Mit dem Lied „Zu Betlehem geboren“ (1635) wies er die leidgeprüften Zeitgenossen zu dem menschenfreundlichen Gott: Er ist die Zufluchtsstätte für alle, die Unrecht leiden. Er erbarmt sich derer in Not.

Friedrich Spee (1591–1635) endete jede Strophe seines Liedes mit „Eja, eja“. Aber der Vorwurf einer weltabgewandten Frömmelei traf auf ihn nicht zu. Er war ein nüchterner Mensch der Tat. Das hatte er nicht nur mit seinem 400-Seiten-Manuskript „Cautio criminalis“ gegen den Hexenwahn bewiesen.

Pater Spee von Langenfeld war durchdrungen von einer innigen Gottes- und einer aktiven Nächstenliebe. An ihm bewahrheitete sich: Je inniger die Liebe zu Gott, desto ungetrübter der Blick für die Liebes- und Hilfsbedürftigen! Dass er dafür kritisiert, angefeindet und zurückgesetzt wurde, hielt ihn nicht von seinem Einsatz für Menschen in Not ab. Im Dreißigjährigen Krieg setzte sich Pater Spee auch für als Hexen verdächtigte Frauen ein. In Trier betreute er verwundete Kriegsgefangene. Selbstaufopfernd hatte er bei den Straßenkämpfen in Trier verwundete Franzosen versorgt und, als dann noch die Pest ausbrach, Pestkranke gepflegt. Dabei hatte er sich infiziert. Seinen Einsatz bezahlte er mit dem Leben. Er starb mit 44 Jahren. Er starb, wie er gelebt, gebetet und gedichtet hatte: aufopfernd in der Liebe zu Christus und in der Fürsorge für Hilfsbedürftige. Das Lied „Zu Betlehem geboren“ erschien zwei Jahre nach seinem Tod, 1637.

FRIEDRICH SPEE

Der deutsche Jesuit wurde 1591 geboren und starb 1635 bei der Pflege Pestkranker. Mit seinem Werk „Cautio Criminalis" gilt er als der erste katholische Kritiker der Hexenverfolgung. Ebenso veröffentlichte er geistliche Texte zum Beispiel „Das Güldene Tugendbuch". Sein lyrisches Hauptwerk ist jedoch eine Sammlung von 52 geistlichen Gesängen unter dem Namen „Trutznachtigall oder geistlich-poetisch Lustwäldlein". Außerdem verfasste er eine große Zahl von Kirchenliedern wie „O Heiland, reiß die Himmel auf" und „Zu Betlehem geboren".

Zu Betlehem geboren

Zu Betlehem geboren
ist uns ein Kindelein.
Das hab ich auserkoren,
sein eigen will ich sein.
Eja, eja, sein eigen will ich sein.

In seine Lieb versenken
will ich mich ganz hinab;
mein Herz will ich ihm schenken
und alles, was ich hab.
Eja, eja, und alles, was ich hab.

O Kindelein, von Herzen
dich will ich lieben sehr
in Freuden und in Schmerzen,
je länger mehr und mehr.
Eja, eja, je länger mehr und mehr.

Dich wahren Gott ich finde
in meinem Fleisch und Blut;
darum ich fest mich binde
an dich, mein höchstes Gut.
Eja, eja, an dich, mein höchstes
Gut.

Dazu dein Gnad mir gebe,
bitt ich aus Herzensgrund,
dass dir allein ich lebe
jetzt und zu aller Stund.
Eja, eja, jetzt und zu aller Stund.

Friedrich Spee

HEINRICH BÖLL

Monolog eines Kellners

Ich weiß nicht, wie es hat geschehen können; schließlich bin ich kein Kind mehr, bin fast fünfzig Jahre und hätte wissen müssen, was ich tat – und hab's doch getan, noch dazu, als ich schon Feierabend hatte und mir eigentlich nichts mehr hätte passieren können. Aber es ist passiert, und so hat mir der Heilige Abend die Kündigung beschert. Alles war reibungslos verlaufen: Ich hatte beim Dinner serviert, kein Glas umgeworfen, keine Soßenschüssel umgestoßen, keinen Rotwein verschüttet, mein Trinkgeld kassiert und mich auf mein Zimmer zurückgezogen, Rock und Krawatte aufs Bett geworfen, die Hosenträger von den Schultern gestreift, meine Flasche Bier geöffnet, hob gerade den Deckel von der Terrine und roch: Erbsensuppe. Die hatte ich mir beim Koch bestellt, mit Speck, ohne Zwiebeln, aber sämig, sämig. Sie wissen sicher nicht, was sämig ist; es würde zu lange dauern, wenn ich es Ihnen erklären wollte: Meine Mutter brauchte drei Stunden, um zu erklären, was sie unter sämig verstand.

Na, die Suppe roch herrlich, und ich tauchte die Schöpfkelle ein, füllte meinen Teller, spürte und sah, dass die Suppe richtig sämig war – da ging meine Zimmertür auf, und herein kam der Bengel, der mir beim Dinner aufgefallen war: klein, blass, bestimmt nicht älter als acht, hatte sich den Teller hoch füllen und alles, ohne es anzurühren, wieder abservieren lassen: Truthahn und Kastanien, Trüffeln und Kalbfleisch, nicht mal vom Nachtisch, den doch kein Kind vorübergehen lässt, hatte er auch nur einen Löffel gekostet, ließ sich fünf halbe Birnen und 'nen halben Eimer Schokoladensoße auf den Teller kippen und rührte nichts, aber auch nichts an und sah doch dabei nicht mäklig aus, sondern wie jemand, der nach einem bestimmten Plan handelt.

Leise schloss er die Tür hinter sich und blickte auf meinen Teller, dann mich an: „Was ist denn das?", fragte er.

Leise schloss er die Tür hinter sich und blickte auf meinen Teller, dann mich an: „Was ist denn das?", fragte er. „Das ist Erbsensuppe", sagte ich. „Die gibt es doch nicht", sagte er freundlich, „die gibt es doch nur in dem Märchen von dem König, der sich im Wald verirrt hat." Ich hab's gern, wenn Kinder mich duzen; die Sie zu einem sagen, sind meistens affiger als die Erwachsenen. „Nun", sagte ich, „eins ist sicher: Das ist Erbsensuppe." – „Darf ich mal kosten?" – „Sicher, bitte", sagte ich, „setz dich hin." Nun, er aß drei Teller Erbsensuppe, ich saß neben ihm auf meinem Bett, trank Bier und rauchte und konnte richtig sehen, wie sein kleiner Bauch rund wurde, und während ich auf dem Bett saß, dachte ich über vieles nach, was mir inzwischen wieder entfallen ist; zehn Minuten, fünfzehn, eine lange Zeit, da kann einem schon viel einfallen, auch über Märchen, über Erwachsene, über Eltern und so. Schließlich konnte der Bengel nicht mehr, ich löste ihn ab, aß den Rest der Suppe, noch eineinhalb Teller, während er auf dem Bett neben mir saß. Vielleicht hätte ich nicht in die leere Terrine blicken sollen, denn er sagte: „Mein Gott, jetzt habe ich dir alles aufgegessen." –

„Macht nichts", sagte ich, „ich bin noch satt geworden. Bist du zu mir gekommen, um Erbsensuppe zu essen?" – „Nein, ich suchte nur jemand, der mir helfen kann, eine Kuhle zu finden; ich dachte, du wüsstest eine."

Kuhle, Kuhle, dann fiel mir's ein, zum Murmelspielen braucht man eine, und ich sagte: „Ja, weißt du, das wird schwer sein, hier im Haus irgendwo eine Kuhle zu finden." – „Können wir nicht eine machen", sagte er, „einfach eine in den Boden des Zimmers hauen?"

Ich weiß nicht, wie es hat geschehen können, aber ich hab's getan, und als der Chef mich fragte: Wie konnten Sie das tun?, wusste ich keine Antwort. Vielleicht hätte ich sagen sollen: Haben wir uns nicht verpflichtet, unseren Gästen jeden Wunsch zu erfüllen, ihnen ein harmonisches Weihnachtsfest zu garantieren? Aber ich hab's nicht gesagt, ich hab' geschwiegen. Schließlich konnte ich nicht ahnen, dass seine Mutter über das Loch im Parkettboden stolpern und sich den Fuß brechen würde, nachts, als sie betrunken aus der Bar zurückkam. Wie konnte ich das wissen? Und dass die Versicherung eine Erklärung verlangen würde, und so weiter, und so weiter. Haftpflicht, Arbeitsgericht, und immer wieder: unglaublich, unglaublich.

> Ich weiß nicht, wie es hat geschehen können, aber ich hab's getan, und als der Chef mich fragte: Wie konnten Sie das tun?, wusste ich keine Antwort.

Sollte ich ihnen erklären, dass ich drei Stunden, drei geschlagene Stunden lang mit dem Jungen Kuhle gespielt habe, dass er immer gewann, dass er sogar von meinem Bier getrunken hat – bis er schließlich todmüde ins Bett fiel? Ich hab' nichts gesagt, aber als sie mich fragten, ob ich es gewesen bin, der das

Loch in den Parkettboden geschlagen hat, da konnte ich nicht leugnen; nur von der Erbsensuppe haben sie nichts erfahren, das bleibt unser Geheimnis. Fünfunddreißig Jahre im Beruf, immer tadellos geführt. Ich weiß nicht, wie es hat geschehen können; ich hätte wissen müssen, was ich tat, und hab's doch getan: Ich bin mit dem Aufzug zum Hausmeister hinuntergefahren, hab' Hammer und Meißel geholt, bin mit dem Aufzug wieder raufgefahren, hab' ein Loch in den Parkettboden gestemmt. Schließlich konnte ich nicht ahnen, dass seine Mutter darüber stolpern würde, als sie nachts um vier betrunken aus der Bar zurückkam. Offen gestanden, ganz so schlimm finde ich es nicht, auch nicht, dass sie mich rausgeschmissen haben. Gute Kellner werden überall gesucht.

Heinrich Böll gehört zu den bedeutendsten deutschsprachigen Schriftstellern der Nachkriegszeit und erhielt 1972 den Literatur-Nobelpreis. Er wurde vor 100 Jahren, am 21. Dezember 1917, geboren.

Heinrich Böll

Der Literaturnobelpreisträger Heinrich Böll (1917–1985) stammte aus dem „hillige Kölle“. Das konnte und wollte er nicht verbergen. Das hörte man schon an seinem Kölnischen Akzent. Seiner Heimat, dem „Hilligen“, und seinem Akzent blieb er ein Leben lang treu. Für die Kölner seien „Kirche, Klüngel, Karneval“ (KKK) bezeichnend. Sie nehmen sich und das Leben nicht allzu schwer.
Böll war ein kritischer Kölner. Das bekam auch seine Kirche zu spüren. Er bejahte sie in seiner Kritik, weil er sie ernst nahm. Auch wer es nicht wahrhaben will, wird zugeben müssen: Seine Christlichkeit spürt man auch durch seine Kritik an Kirche und Christentum hindurch, obwohl er die Etikettierung „christlich“ für sich und sein Werk abgelehnt hätte.

WICHTIGE BÜCHER

Die wichtigsten Werke von Heinrich Böll in den 1950/60er Jahren:

- Wo warst du, Adam?, 1951
- Und sagte kein einziges Wort, 1953
- Haus ohne Hüter, 1954
- Irisches Tagebuch, 1957
- Doktor Murkes gesammeltes Schweigen und andere Satiren, 1958
- Billard um halbzehn, 1959
- Ein Schluck Erde. Drama (UA Düsseldorf 1961)
- Ansichten eines Clowns, 1963

Erzählungen

- Die schwarzen Schafe, 1951.
- Das Brot der frühen Jahre, 1955
- Als der Krieg ausbrach. Als der Krieg zu Ende war. Zwei Erzählungen, 1962
- Entfernung von der Truppe, 1964
- Ende einer Dienstfahrt, 1966

PETER LAWRENCE BOYLE

Ein Ordensmann als Schauspieler

Der US-amerikanische Schauspieler Peter Lawrence Boyle (1935–2006) schied wegen eines Nervenzusammenbruchs aus der US-Army. Bis Ende der 50er Jahre war er ein Mönch in einer christlichen Glaubensgemeinschaft. Danach ließ er sich zum Schauspieler ausbilden. Er wirkte zunächst an Theateraufführungen mit. Seine Stärke war die Improvisation. Sein Berufsweg führte von Neben- und Statistenrollen auf Schauspielbühnen zu Hauptrollen, auch im Fernsehen und im Film.

Ein Schauspieler kann sich die Rollen nicht immer aussuchen. Der Film „Joe – Rache für Amerika“ wurde wegen der Gewalttätigkeit und wegen anstößiger Sprache kritisiert. Boyle hatte darin die Titelrolle, den häufig alkoholisierten Fabrikarbeiter Joe, der in abschätziger Weise Vorurteile über Afroamerikaner, Homosexuelle und Hippies verbreitet und in Gewaltfantasien schwelgt. Zufällig trifft er einen wohlhabenden Fabrikchef, der soeben einen Drogendealer ermordet hat – für Joe ist er ein Held, und der Fabrikant wird Joe nicht mehr los. Ein Sozialdrama entspinnt sich. Für Peter Boyle war die Rolle ein echter Durchbruch. Der Film war zwar ein Erfolg, war aber wegen der Gewalt umstritten und heißdiskutiert. Zur selben Zeit aber protestierte Boyle überzeugt mit Jane Fonda gegen den Vietnam-Krieg. Weil er nicht die Rolle eines Hartherzigen übernehmen wollte, wirkte er bei dem hoch dotierten Film „French Connection – Brennpunkt Brooklyn“, einem Polizeidrama, nicht mit.

DON CAMILLO: EIN PFARRER ALS FILMHELD

In die Zeit von 1952 bis 1965 gehören auch die Filme mit Fernandel als Don Camillo und Gino Cervi als Peppone nach Romanen des Giovannino Guareschi. Gleich der erste Film des Duos „Don Camillo und Peppone“ von 1952 war ein Publikumserfolg. Es folgten vier weitere Filme über den findigen Priester und seinen Widersacher, den kommunistischen Bürgermeister. Dabei ist Don Camillo der Sympathieträger des Films. Bei inneren Konflikten hält er Zwiesprache mit dem Herrn: Im Film redet er nicht nur zu Jesus, er bekommt auch hörbar Antworten.

Der erste Film der Reihe zeigt einen Streit zwischen Don Camillo und Peppone. Der Bürgermeister möchte ein Volkshaus aufbauen, Don Camillo einen christlichen Kindergarten. Die Auseinandersetzung gipfelt in einem Fußballduell der Jugendgruppen, die zu je einem der Kontrahenten halten. Beide Teams bestechen den Schiedsrichter. Das Spiel endet mit einer Prügelei; Don Camillo wird vorübergehend beurlaubt. Schauplatz der Filme ist der beschauliche Ort Brescello im Norden Italiens.

Der falsche Pfarrer

Einmal kam in einer Drehpause ein kleines Mädchen zu Fernandel, dem Schauspieler, der den Geistlichen Don Camillo verkörperte. „Kannst du mir deinen Segen geben?“, fragte es. Fernandel war perplex. „Ich kann dir keinen Segen geben, denn ich bin kein wirklicher Priester und spiele diese Rolle nur im Kino“, entgegnete er. Doch das Mädchen ließ sich nicht abweisen. „Das weiß ich doch“, sagte es. „Ich wollte den Segen ja auch nicht für mich, sondern nur für meine Puppe.“ Ob Fernandel die Puppe daraufhin segnete, ist nicht überliefert.

GIOVANNI GUARESCHI

... bis zur Silvesternacht

Die Tage, die vergehen mussten, vergingen, und es kam die Silvesternacht. Auch in unserem Dorf war – wie fast überall – noch der Brauch lebendig, das alte Jahr auszutreiben. Wenn es Mitternacht geschlagen hatte, entluden die Leute ihre Flinten in Richtung Himmel, und für ein paar Minuten schien das Weltende gekommen.

Don Camillo hatte das nie gefallen, aus vielerlei Gründen, und niemals hatte er eine Patrone verbraucht, um in die Wolken zu schießen. Aber an jenem Tag kam auch ihm die Lust, dem alten Jahr den Garaus zu machen, und so öffnete er wenige Minuten vor Mitternacht das Fenster seines Zimmers und wartete, bis die Kirchturmuhr das Signal geben würde.

Das Licht im Zimmer war ausgeschaltet, doch das Feuer im Kamin brannte, und Ful, der gute Augen besaß, wurde ganz aufgeregt, sobald er das Gewehr in den Händen Don Camillos bemerkte.

„Bleib ruhig“, erklärte ihm Don Camillo mit leiser Stimme, „das ist nichts für dich. Das ist kein Jagdgewehr, bloß das alte Ding, das ich zur Erinnerung auf dem Dachboden aufbewahrt habe. Es geht nur darum, das alte Jahr umzubringen, und dazu braucht man keine Doppelflinte.“

„Hochwürden, man muss wirklich zugeben, dass in der Realität Dinge geschehen, die die Fantasie weit übertreffen.“ „Ist was Schlimmes passiert?“, fragte Don Camillo besorgt.

Die Piazza war leer, und die Laterne vor dem „Haus des Volkes“ beleuchtete hell die Fahnenstange.

„Man sieht sie auch in der Nacht“, brummte Don Camillo. „Das scheint eine ausgemachte Sache zu sein, um mich zu ärgern.“

Der erste der zwölf Glockenschläge ertönte, und sogleich begann auch die Schießerei. Don Camillo lehnte sich ans Fensterbrett, und auch er gab einen Schuss ab. Einen einzigen, denn es handelte sich um einen symbolischen Akt, und somit genügte ja die Geste an sich. Es war kalt, und Don Camillo schloss sorgfältig das Fenster, lehnte das Gewehr an die Truhe, schaltete das Licht ein und setzte sich vor das Kaminfeuer.

Da bemerkte er, dass Ful nicht da war, und er rief ihn. Doch der Hund war anscheinend durch das viele Flintenkrachen in Aufregung geraten und durch die Tür ins Freie geschlüpft. Don Camillo war deswegen nicht besorgt, denn so, wie er hinausgekommen war, so würde er auch wieder zurückkehren. Und tatsächlich hörte man bald darauf die Tür quietschen. Aber es war nicht Ful.

Es war stattdessen Peppone, der liebenswürdig erklärte: „Verzeiht, Hochwürden,

aber ich habe die Tür offenstehen gesehen, und so bin ich Euch besuchen gekommen."
„Danke, mein Sohn. Es ist angenehm, zu sehen, dass sich jemand an uns erinnert."
Peppone setzte sich neben Don Camillo.
„Hochwürden, man muss wirklich zugeben, dass in der Realität Dinge geschehen, die die Phantasie weit übertreffen."
„Ist was Schlimmes passiert?" fragte Don Camillo besorgt.
„Nichts Schlimmes, nur ein merkwürdiger Scherz des Zufalls. Stellt Euch vor, während der Schießerei von vorhin hat jemand einen Schuss in die Luft abgegeben, und die Kugel, anstatt sich wer weiß wo zu verlieren, prallte gegen unsere Fahnenstange und brach sie an der Spitze ab, gerade an der Stelle, wo das Messingemblem im Holz steckt. Ist das nicht ein schöner Zufall?"
Don Camillo breitete die Arme aus:
„Ein sehr schöner", gab er zu.
„Aber das ist nicht alles", setzte Peppone fort. „Denn das Siegeszeichen fiel beinahe dem Langen auf den Kopf, der gerade ins Haus treten wollte. Und der Lange glaubte, dass man ihm etwas mit Absicht an den Kopf werfen wollte, rannte hinein und schlug Alarm, und wir sind alle hinausgeeilt, doch wir haben nichts am Boden gefunden. Als wir jedoch hinaufschauten, bemerkten wir, dass das Siegeszeichen auf der Stange fehlte, und nachdem wir die Stange untersucht hatten, bemerkten wir, dass ein Gewehrschuss sie knapp unter dem Emblem hat einknicken lassen. Ist das nicht merkwürdig? Wer kann das Siegeszeichen aufgeklaubt und weggetragen haben, wo die Piazza doch leer war?"
Don Camillo zuckte die Achseln:
„Mit Respekt gesprochen, ich verstehe nicht, wen denn ein solcher Kleinkram interessieren könnte."
Schon seit einigen Minuten war Ful zurückgekehrt, hatte sich zwischen Don Camillo und Peppone gelegt und wartete dort reglos wie eine Statue. Und hielt das Messingemblem mit Hammer und Sichel zwischen seinen Zähnen.

Er wurde müde und ließ das Ding auf den Boden fallen. Don Camillo hob die Trophäe auf, wendete sie ein paar Mal hin und her, um sie von allen Seiten zu betrachten, und schüttelte den Kopf.
„Ein Messingblättchen. Von Weitem schien es haltbarer, aber wenn es dich interessiert, kannst du es ruhig mit nach Hause nehmen."
Peppone besah sich das glänzende Siegeszeichen, das ihm Don Camillo hinreichte, und blickte dann wieder in die Flammen des Kaminfeuers. Don Camillo warf die Trophäe in die Flammen, und Peppone biss die Zähne zusammen, rührte sich aber nicht. Das Siegeszeichen rötete sich sehr schnell, das Zinn der Lötstellen schmolz, und die dünnen Messingstreifen rollten sich wie kleine Schlangen zusammen.
„Wenn die Hölle nicht eine Erfindung von uns Priestern wäre ...", flüsterte Don Camillo.
„Die Hölle ist keine Erfindung der Pfaffen", murmelte Peppone. „Die Pfaffen sind eine Erfindung der Hölle."
Don Camillo schürte das Feuer, und Peppone ging ans Fenster. Durch das Glas sah man die enthauptete Stange, die von der Laterne angestrahlt wurde.
„Ich weiche der Erpressung. Morgen werde ich den Schnee vor dem Pfarrhaus wegbringen lassen."
„Nein", antwortete Don Camillo. „Du musst ihn dort lassen, bis er von selbst verschwindet. Entweder du lässt ihn so, oder ich werde alles ausplaudern. Adieu, Mechaniker!"
Don Camillo sprach das Wort Me-cha-ni-ker ganz langsam aus, jede Silbe betonend und dabei lächelnd. Dann zündete er die kleine Zigarre an und segelte rauchend auf die Gletscherspalte seines Mont Blanc zu.

BILLY GRAHAM

Billy Graham und Johannes Leppich

Der Jesuitenpater Johannes Leppich (1915–1992) und der amerikanische Erweckungsprediger Billy Graham (geb. 1918) wirkten in der Adenauerzeit. „Maschinengewehr Gottes" wurden beide genannt, wegen ihrer volksnahen, einhämmernden, provozierenden Predigtweise und ihrer beißenden Gesellschaftskritik, auch weil sie sich scharf gegen den Kommunismus wandten. Beide könnte man „Wanderprediger" nennen, Pater Leppich mehr noch als Billy Graham. Er wurde der Nationalkaplan des deutschen Zweigs der Catholischen Arbeiterjugend (CAJ). Später war er seelsorgerlich auch in Gefängnissen und in der Großstädten tätig. Bekannt wurde er durch seine Bücher und Predigten auf öffentlichen Plätzen. Viele kennen noch das Bild, wie er auf dem Dach seines Opel-Blitz zu der Menge ins Mikrofon spricht. Er ist der Mitbegründer der Telefonseelsorge, gründete Anfang der 60er Jahre die internationale „action 365", organisierte Hilfsaktionen in ärmere Länder. Er sorgte mit dem Gideonbund dafür, dass Bibeln in den Hotels ausgelegt wurden.

Billy Graham gehört zu den Evangelikalen. An der Seite von Senator McCarthy setzte er sich gegen den Kommunismus ein. Er wirkte auch mit Richard Nixon zusammen. Er blieb bei der öffentlichen Wortverkündigung und baute sie mittels der „Billy Graham Evangelistic Association" zu einem weltweiten, alle Erdteile umfassenden Evangelisationswerk aus. In Deutschland führte er, unterstützt von der Evangelischen Allianz fünf „Crusades" (wörtlich „Kreuzzüge", gemeint: „Evangelisations-Feldzüge") durch. Davon ist die „Euro '70" in der Dortmunder Westfalenhalle die bekannteste. Sie wurde mit damals modernster Technik in viele Großstädte live übertragen. Graham unterstützte in den Jahrzehnten nach dem Krieg die christliche Aufbruchstimmung und Neubesinnung in Deutschland. Sehr geschickt wurde mit Helfern aus vielen Kirchengemeinden die so genannte Nacharbeit organisiert. Sie wurde in anderen „Werbefeldzügen für Christus" nachgeahmt. Das Ziel war die Eingliederung der Erweckten in die Kirchengemeinden vor Ort.

Von guten Mächten

Der evangelischen Theologe Dietrich Bonhoeffer war ein kluger, konsequenter Aktivist gegen das NS-Regime. Aus der Haft schrieb er in seinem Weihnachtsbrief 1944 das Gedicht „Von guten Mächten treu und still umgeben". Die siebte Strophe – sie wird meist als Kehrreim benutzt – umschließt in der Wir-Form eine große unsichtbare Gemeinde, die sich zu Gott bekennt: „Von guten Mächten wunderbar geborgen erwarten wir getrost, was kommen mag." Mit 39 Jahren wurde er kurz vor Kriegsende im KZ Flossenbürg hingerichtet.

Bonhoeffer schreibt: „Es ist ein großes unsichtbares Reich, in dem man lebt und an dessen Realität man keinen Zweifel hat. Wenn es in dem alten Kinderlied von den Engeln heißt: zweie, die mich decken, zweie, die mich wecken (aus „Abends, wenn ich schlafen geh, vierzehn Engel um mich stehn") so ist diese Bewahrung am Abend und am Morgen durch gute, unsichtbare Mächte etwas, was wir Erwachsenen heute nicht weniger brauchen als die Kinder."

Trotz seiner Todesgewissheit hoffte Bonhoeffer noch auf „Freude an dieser Welt und ihrer Sonne Glanz" (Str. 4). Er wünschte sich, „wenn es sein kann" (Str. 5), Weihnachten im trauten Familienkreis zu sein. Doch wichtiger war für ihn das, was die „Weih-Nacht" zu einer Gott geweihten macht, zu einem Widerschein des ewigen Lichts, das Christus in die Welt gebracht hat: „ein Licht, das die Heiden erleuchtet". Es hellte die Finsternis auf, die ihn umhüllte. Mit der Melodie von Siegfried Fietz (1970) rangierte das Lied bei einer Befragung weit vorn auf der Liste der beliebtesten Glaubenslieder.

Dietrich Bonhoeffer

Von guten Mächten wunderbar geborgen

Von guten Mächten treu und still umgeben,
behütet und getröstet wunderbar,
so will ich diese Tage mit euch leben
und mit euch gehen in ein neues Jahr.

Noch will das alte unsere Herzen quälen,
noch drückt uns böser Tage schwere Last,
Ach Herr, gib unsern aufgeschreckten Seelen
das Heil, für das du uns geschaffen hast. Von guten ...

Und reichst du uns den schweren Kelch, den bittern
des Leids, gefüllt bis an den höchsten Rand,
so nehmen wir ihn dankbar ohne Zittern
aus deiner guten und geliebten Hand. Von guten ...

Doch willst du uns noch einmal Freude schenken
an dieser Welt und ihrer Sonne Glanz,
dann wolln wir des Vergangenen gedenken,
und dann gehört dir unser Leben ganz. Von guten ...

Lass warm und hell die Kerzen heute flammen,
die du in unsere Dunkelheit gebracht,
führ, wenn es sein kann, wieder uns zusammen!
Wir wissen es, dein Licht scheint in der Nacht. Von guten ...

Wenn sich die Stille nun tief um uns breitet,
so lass uns hören jenen vollen Klang
der Welt, die unsichtbar sich um uns weitet,
all deiner Kinder hohen Lobgesang. Von guten ...

Von guten Mächten wunderbar geborgen
erwarten wir getrost, was kommen mag.
Gott ist bei uns am Abend und am Morgen,
und ganz gewiss an jedem neuen Tag.

Die „Entdeckung“ Dietrich Bonhoeffers

Wäre Bonhoeffer (1906-1945) nicht als Märtyrer gestorben, wüssten wir weniger von ihm. Gewiss, die „Solidarität mit den Religionslosen“, auch den Vorbehalt gegen Religion, die sich in Formen erschöpft oder gar sich als ideologische Stütze missbrauchen lässt, muss man erlebt haben, bevor man so wie Bonhoeffer darüber schreiben kann. Er hat, ebenso wie Karl Barth, überkommene Ansichten in Theologie und Kirche auf den Prüfstand gestellt und neue Wege eröffnet.

Von Oktober 1933 bis April 1935 hatte Bonhoeffer ein deutsches Auslandspfarramt in London übernommen. In dieser Zeit kam es zu einer Freundschaft mit Bischof George Bell. Bereits am 27.7.1945 fand in London ein Gedächtnisgottesdienst für den im KZ Flossenbürg hingerichteten Bonhoeffer statt, Bischof Bell predigte. Im Oktober desselben Jahres besuchte Bell Bonhoeffers Eltern in Berlin. Die Reaktion auf Bonhoeffer war in England und dessen Dominion Kanada, wo ich in den 50er Jahren studierte, fast genauso stark wie in Deutschland. Die Bücher „Widerstand und Ergebung: Briefe und Aufzeichnungen aus der Haft“, (herausgegeben von Eberhard Bethge), „Gemeinsames Leben“ und „Nachfolge“ erwarb ich dort auf Englisch. Natürlich war Bonhoeffer erst recht für uns in Deutschland ein Kronzeuge christlichen Glaubens und ein Erneuerer der Theologie. Aber in Kanada schämte ich mich fast, nicht noch mehr über ihn zu wissen.

Auch nach meiner Heimkehr war der Einfluss Bonhoeffers auf die Theologie beider Konfessionen stark. Als kaum nachzuvollziehen beeindruckte mich sein Buch „Gemeinsames Leben“. Es erinnert an Thomas von Kempens „Nachfolge Christi“. Dieses Buch hatte er noch im Gefängnis in Tegel bei sich gehabt.

EBERHARD BETHGE

Der evangelische Pfarrer und Theologe war ein enger Freund Bonhoeffers und veröffentlichte nach dem Krieg dessen Arbeiten, darunter auch die sehr persönlichen Briefe aus der Haft („Widerstand und Ergebung", 1951). Nach dem Theologiestudium war Bethge einer der ersten Vikare im Predigerseminar Finkenwalde, das Bonhoeffer im Auftrag der Bekennenden Kirche leitete. Während der Haftzeit Bonhoeffers und bis zu dessen Ermordung standen die beiden in regem Briefverkehr. 1943 heiratete Eberhard Bethge eine Nichte von Dietrich Bonhoeffer. 1966 veröffentlichte er eine umfassende Biografie über Bonhoeffer.

DER FRÜHLING KAM DOCH

Nun ist er endlich kommen doch
In grünem Knospenschuh;
„Er kam, er kam ja immer noch“,
Die Bäume nicken sich’s zu.

Sie konnten ihn all erwarten kaum,
Nun treiben sie Schuss auf Schuss;
Im Garten der alte Apfelbaum,
Er sträubt sich, aber er muss.

Wohl zögert auch das alte Herz
Und atmet noch nicht frei,
Es bangt und sorgt: „Es ist erst März,
Und März ist noch nicht Mai.“

O schüttle ab den schweren Traum
Und die lange Winterruh’:
Es wagt es der alte Apfelbaum,
Herze, wag’s auch du.

Theodor Fontane

Frühling

Wichtige Ereignisse der 1950er und 60er Jahre

März

19. März 1957
Pius XII. gestattet die Feier von Abendmessen.

7. März 1965
Ab dem I. Fastensonntag kann die Muttersprache für die gesamte Liturgie in der katholischen Kirche verwendet werden.

12. März 1950
Papst Pius XII. fordert zum Kampf gegen weltweiten Atheismus auf.

April

13. April 1968
Der für alle Kirchen des deutschen Sprachgebietes vereinheitlichte Text des Vaterunsers tritt in Kraft.

4. April 1968
Martin Luther King in Memphis, Tennessee, USA, erschossen.

11. April 1963
Papst Johannes XXIII. wendet sich mit Enzyklika „Pacem in terris" an alle Menschen guten Willens, nicht mehr nur an Katholiken.

Mai

17. Mai 1959
Cristo-Rey-Statue in Almada, Portugal eingeweiht.

8. Mai 1954
Das „Wort zum Sonntag" wird zum ersten Mal im Fernsehen ausgestrahlt.

9. Mai 1959
Grundsteinlegung für den Neubau der Kaiser-Wilhelm-Gedächtniskirche in Berlin.

22.-24. März 1966
Erzbischof von Canterbury und Präses der Anglikanischen Kirche stattet dem Papst einen Besuch ab, erstmals seit der Trennung 1536.

25. März 1954
Papst Pius XII. lobt enthaltsame und jungfräuliche Menschen als unverzichtbar für die Kirche.

26. März 1967
Papst Paul VI. veröffentlicht seine Sozialenzyklika „Populorum progressio".

19. April 1960
Der 400. Todestag des Reformators Melanchthon wird mit großen Feierlichkeiten in Wittenberg begangen.

27. April 1952
Mit dem Einzug der neu gegossenen Glocke Pummerin wird der Wiener Stephansdom, der im Zweiten Weltkrieg zerstört wurde, wieder eingeweiht.

27. Mai 1951
In Leipzig erscheint die erste Ausgabe der Kirchenzeitung TAG DES HERRN.

TAG DES HERRN
KATHOLISCHES KIRCHENBLATT
Zum Geleit

Den Frühling herbeisingen

Mit dem Frühjahr atmen viele wieder auf. Singen verbessert ihre Atmung, belüftet ihre Lunge, regt Herz und Kreislauf an, lenkt von Grübeleien ab, hellt die Stimmung auf, führt Menschen zusammen. Singende lachen eher als Trübsal zu blasen. Musik stand in der Antike in den Asklepieia Kos und Epidauros im Mittelpunkt der Heilzeremonien. Noch im Mittelalter gehörte Musik zur medizinischen Behandlung, darum zum Medizinstudium. In der Renaissance verwendete man bei Geistes- und Gemütskranken „Arztmusik". Singen ersetzt zwar keine medizinische und psychotherapeutische Behandlung und Pflege, aber es unterstützt sie. Singen löst psychische Verspannungen, entwickelt Heilkräfte zur Überwindung von Depressionen, Lethargie und Antriebsschwäche, hebt über Ängste, Ärger, Schmerzen hinweg, hat eine anästhesierende Wirkung.
Lieder singen kann schon nach wenigen Strophen „Glückshormone" freisetzen. Eine Studie der Universität Frankfurt belegte: Nach dem Singen (Chorproben) war die Konzentration von Immunglobulin A im Speichel gestiegen. Dieser Eiweißstoff wehrt Infektionen der oberen Atemwege ab. Positive Stimmungen hatten bei den Probanden negative verdrängt. Singen ist also eine Heil- und Lebenshilfe.

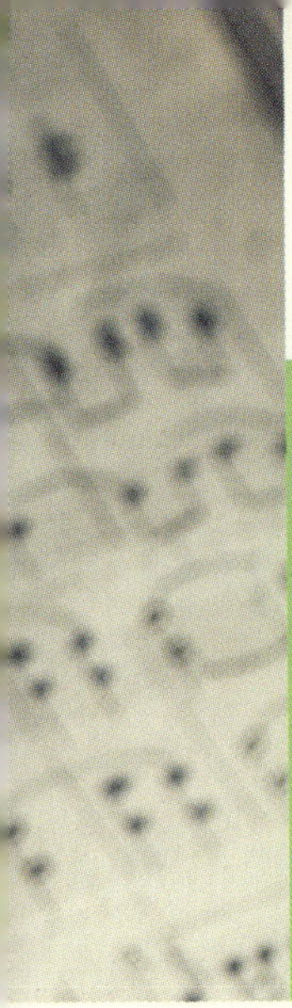

TRADITIONEN PFLEGEN: CHORGESANG

Das Singen im Chor hat in Deutschland eine lange Tradition. Bis in die 1960er Jahre hinein wurde in allen gesellschaftlichen Schichten und Altersgruppen gesungen – oft in Kirchenchören oder in nichtkonfessionellen Chören. In den 1950er und 1960er Jahren gab es in beinahe jedem Dorf einen Kirchenchor und einen Gesangverein. Man war – anders als heute – bei den gängigen Volksliedern textsicher. Durch den allmählichen Wandel im Freizeitverhalten geriet die Laienchorbewegung ab Ende der 60er Jahre in eine Krise. Die Chorszene wandelte sich: Es gab insgesamt weniger Chorsänger, allerdings entstanden auch neue, semiprofessionelle Chöre. Viele Ältere kennen erstaunlich viele Liedtexte. Einmal gelernt, vergisst man sie kaum.

Liederrätsel

Wie lautet jeweils die 1. Zeile dieser Lieder?

1 ... und alles fängt zu blühen an auf grüner Heid und überall.
2 ... es spielet der Hirte auf seiner Schalmei.
3 ... hab um den Hals ein gülden Band, daran die Laute hangen.
4 ... Lasst das Haus, kommt heraus, windet einen Strauß!
5 ... aus allen Wiesen sprießen die Blumen rot und blau.
6 ... tust Jung und Alt erfreuen mit deiner Blumen Zier.
7 ... da bleibe, wer Lust hat, mit Sorgen zu Haus.
8 ... am quellumrauschten Gestein, mit Vogelsang, Lust und Liedern ...

(Die Lösungen finden Sie auf Seite 126.)

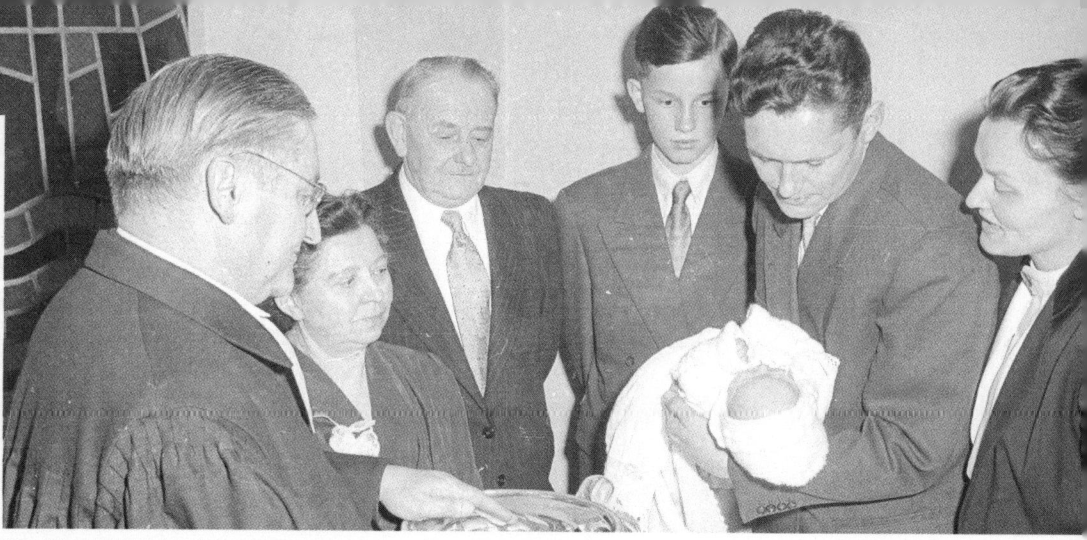

Getauft in den 1950er Jahren

In den 50er Jahren kamen die Kinder, besonders auf dem Land, noch zu Hause zur Welt, überwiegend mit der Hilfe einer Hebamme und einer Frau aus der Familie oder einer Nachbarin. Auch die Taufe fand zu Hause statt, bei katholischen Familien oft schon am nächsten oder übernächsten Tag. In den evangelischen Gemeinden setzte sich die Meinung durch, Taufe ist ein Fest der ganzen Gemeinde. Getauft wurde darum, abgesehen von Ausnahmen, im Gottesdienst. Steckkissen wurden immer weniger benutzt, stattdessen ein weißes Taufkleid. Einige Familien, die Wert auf ihre Tradition legten, besaßen ein Taufkleid aus alten Zeiten, in das die Namen der darin bereits getauften Vorfahren eingestickt waren. Die Paten und Eltern wurden „vor Gott, dem Allmächtigen, und in Gegenwart dieser christlichen Zeugen" gefragt, ob das Kind christlich getauft werden soll und ob sie versprechen, es christlich zu erziehen und ihm den christlichen Glauben vorzuleben. Nach ihrem „Ja" wurden sie damals vielerorts zum Gelingen ihres Versprechens vom Pfarrer gesegnet.
Wichtig war in beiden Kirchen das Glaubensbekenntnis, das apostolische. Man betete es stellvertretend auch für die zu taufenden Kinder. Wichtig war in der katholischen Taufzeremonie die Segnung durch ein Kreuzzeichen mit Chrisam-Salbe. Die Übergabe der Taufkerze, entzündet an der Osterkerze, bürgerte sich damals auch zunehmend bei evangelischen Christen ein. Das Vaterunser wurde, auch stellvertretend für das neugetaufte Kind, gebetet.

Die beliebtesten Vornamen

1950er Jahre
Bernd, Hans, Jürgen, Klaus, Manfred, Michael, Peter, Rainer/Reiner, Thomas, Wolfgang
Angelika, Barbara, Birgit, Brigitte, Gabriele, Karin, Monika, Renate, Sabine, Susanne

1960er Jahre
Andreas, Frank, Jürgen, Martin, Matthias, Michael, Peter, Stefan, Torsten, Thomas
Andrea, Bettina, Birgit, Gabriele, Heike, Kerstin, Martina, Petra, Sabine, Susanne

BELIEBTE TAUFSPRÜCHE

Taufsprüche zu vergeben, war früher nur in der evangelischen Kirche üblich. Manche Bibelstellen sind als Taufsprüche überaus beliebt. Finden Sie hier Ihren Taufspruch wieder?

Denn er hat seinen Engeln befohlen über dir, dass sie dich behüten auf allen deinen Wegen, dass sie dich auf Händen tragen und du deinen Fuß nicht an einen Stein stoßest. (Ps 91,11–12)

Von allen Seiten umgibst du mich und hältst deine Hand über mir. (Ps 139,5)

Und nun spricht der HERR, der dich geschaffen hat ...: Fürchte dich nicht, denn ich habe dich erlöst; ich habe dich bei deinem Namen gerufen; du bist mein! (Jes 43,1)

Ostern – wie es früher war

Ostern war in den 1950er und 60er Jahren noch nicht so kommerzialisiert wie heute. Die meisten Familien hatten noch existentielle Sorgen. Das zwang sie zur Bescheidenheit. Aber natürlich buk die Mutter einen Kuchen, möglicherweise auch ein Osterlamm. Jemand steckte ihm ein Kirchenfähnchen an. Die Kinder freuten sich, die selbst gefärbten bunten Eier, auch einige Schokoeier am Ostermorgen zu suchen. Vielleicht gab es auch einen Schokoladen-Osterhasen. Er musste nicht groß sein. Geschenke, die darüber hinausgingen, gab es kaum.

Im Mittelpunkt standen die kirchliche Feier und der Empfang der hl. Kommunion beziehungsweise des hl. Abendmahls. Viele gingen vor der Kommunion am Festtag noch zur Beichte. Auch einige evangelische Kirchen boten einen vorausgehenden Bußgottesdienst an. Vielerorts gab es in der Nacht vor dem Fest ein Osterfeuer. Viele freuten sich auf die frohen Osterlieder und die festlichen Messgewänder der Priester. Sie waren farbenfroher als heute. In einigen Gemeinden wurden sie in monatelanger Arbeit hergestellt und bestickt.

Ostern war ein Jubelfest. Kaum einer stellte die Auferstehung Christi als eine Erneuerung auch im Glauben in Zweifel. Lag es daran, dass wir damals noch den Krieg „in den Knochen hatten“? Da hatte der Tod triumphiert. Das sollte uns nicht noch einmal passieren: „Der Herr ist auferstanden!“.

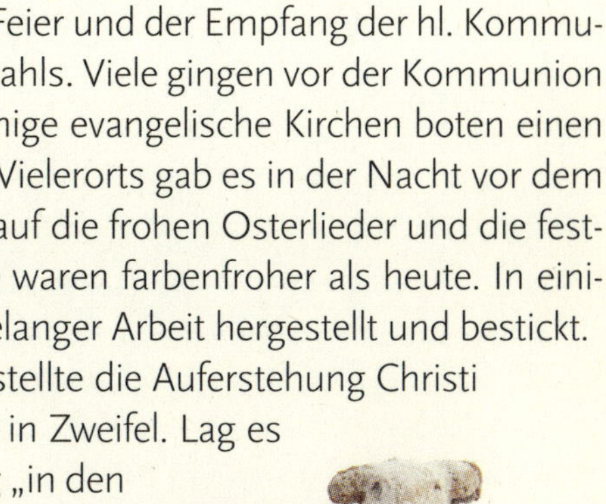

ALBERT BICHLER

Im Morgengrauen zum Osterfeuer

In den ersten Nachkriegsjahren war der Status eines Ministranten noch sehr beachtet, zumal auf einem bayerischen Dorf. Und welcher Bub etwas auf sich hielt, war einfach ein Ministrant. Das war bei mir nicht anders, waren doch damit beachtliche Vorrechte verbunden. Diese auszukosten, dazu gab gerade die österliche Zeit reichlich Gelegenheit.

Die Vorbereitung auf das Osterfest begann für uns Ministranten am Palmsonntag. Zur Erinnerung an den feierlichen Einzug Jesu in Jerusalem zog der Pfarrer mit seinen Ministranten in einer Palmprozession um die Dorfkirche herum. Da bei der Rückkehr die Kirchentüre verschlossen war, stieß einer von uns Ministranten mit dem Schaft des mitgetragenen Kreuzes kräftig dagegen. Das sollte daran erinnern, dass uns Jesus durch seinen Kreuzestod das Tor zum Himmel geöffnet hat. Unter feierlichen Gesängen zog die Prozession wieder in die Kirche ein. Bald aber trat an die Stelle der Freude der Ernst der Passion, der Leidensgeschichte, die nun einige von uns zusammen mit dem Pfarrer der Gemeinde vorlasen.

Ohne kräftiges Osterfeuer kein Osterfest. Die schulfreien Tage in der Karwoche waren daher vor allem damit ausgefüllt, das Holz für das Osterfeuer zu sammeln. Ich sehe mich noch mit einigen Freunden und einem Leiterwagerl von Haus zu Haus, von Hof zu Hof ziehen. Die Bauern und Hausbesitzer wussten schon, was wir von ihnen wollten. Die meisten ließen uns nicht lange betteln und gaben ihren Tribut fürs Osterfeuer in Form alter Bretter, Zaunlatten, Balken, Stangen und was sonst noch brennbar war.

In weniger guter Erinnerung ist mir die Frau eines holzverarbeitenden Handwerkers, die nie etwas Passendes für uns hatte und über die schlechte Zeit und das wenige Holz jammerte, so dass wir enttäuscht weiterzogen. Aber solche Erfahrungen taten unserer Begeisterung keinen Abbruch. Wir brachten jedes Jahr genügend Brennmaterial zusammen, das für einen drei Meter hohen Stoß ausreichte.

Voll in Aktion treten mussten wir Diener Gottes am Gründonnerstag, an dem Tag, an dem unser Herr einst sein Leiden begann.

Voll in Aktion treten mussten wir Diener Gottes am Gründonnerstag, an dem Tag, an dem unser Herr einst sein Leiden begann. Anders als heute fand der Gründonnerstagsgottesdienst bereits am Morgen statt. Nach dem feierlichen Gloria verstummten die Orgel und auch die Glocken, die, wie der Volksmund wusste, nach Rom flogen. An die Stelle der handlichen Altarglocken traten nun kleine Holzklappern, die mit ihrem dumpfen Klang erst die richtige Gründonnerstagsstimmung schufen. Und da auch die Glocken am Kirchturm schwiegen, wurde nunmehr eine große alte „Katenratschn“ in Gang gesetzt. Sie dröhnte recht unmelodisch über den kleinen

Dorffriedhof. Wir Buben aber hatten unseren großen Spaß daran, mit dem primitiven Holzinstrument das bekannte monotone Trommeln zu erzeugen.

Die Klappern und Ratschen sollten auf die Stille der Kartage einstimmen. Doch bevor die Besinnlichkeit am Gründonnerstag einziehen konnte, musste erst das Heilige Grab in unserer Kirche aufgebaut werden. Das zog sich bis in die Abendstunden hin; musste doch aus einigen altersschwachen Kulissen mit dem im Grab liegenden Heiland und den Wache haltenden Soldaten ein Ganzes entstehen, eben das Heilige Grab. Rosarote Hortensien tauchten die Grabesszene in ein Blütenmeer. Dazu kamen die mit buntem Wasser gefüllten Glaskugeln, die rückwärts mit Kerzen erleuchtet wurden. So entstand erst die richtige Stimmung im Kirchenschiff, zumal die Fenster mit Tüchern und Papier verdunkelt waren. Wir Helfer kamen uns bei diesen Arbeiten unentbehrlich vor, so dass wir nicht ohne Stolz das gelungene Werk betrachteten.

Wir Helfer kamen uns bei diesen Arbeiten unentbehrlich vor, so dass wir nicht ohne Stolz das gelungene Werk betrachteten.

Die Liturgie des Karfreitags begann in meiner Kindheit bereits am Vormittag. Was heute vielleicht schon in Vergessenheit geraten ist: Der Karfreitag war in jenen Jahren nicht ein allgemeiner Feiertag wie heute. In vielen Häusern wurden da noch die letzten Vorbereitungen für das Osterfest getroffen. Wir Ministranten hatten am Karfreitag einen strengen Dienst. Der Gottesdienst fing still und ernst in der abgedunkelten Kirche an, im Zentrum der Feier stand das Heilige Grab vor dem Hochaltar. Zu Beginn der Feier zog der Pfarrer, gefolgt von den Ministranten, lautlos in schwarzen Strümpfen in den düsteren Kirchenraum ein. Der Mesner kontrollierte vorher noch gewissenhaft den Zustand unserer Strümpfe, und der Pfarrer ließ bei uns nicht den geringsten Zweifel aufkommen, dass dies eine sehr ernste Handlung sei. So folgten wir ihm gesittet und verinnerlicht, fielen, wie er, dreimal auf die Knie nieder, wobei wir aus verständlichen Gründen Blickkontakte zu unseren Eltern, Freunden und Bekannten vermieden. Wie am Palmsonntag wurde auch am Karfreitag die Passionsgeschichte, diesmal nach dem Evangelisten Johannes, von einigen Ministranten vorgelesen.

Nach dem vormittäglichen Gottesdienst schauten wir bereits am Karfreitag nach, ob der Osterhase schon unser aus Moos und Fichtenzweigen bereitetes Nest gefunden hatte. Oder wir sahen noch einmal nach dem Osterfeuer. Das gesammelte Holz hatten einige Oberministranten bereits fachmännisch aufgeschichtet. So waren unsere Gedanken schon beim Karsamstag.

Und dieser begann bereits im Morgengrauen, um halb fünf Uhr. Meine größte Sorge war stets, zu verschlafen und so nicht dabeisein zu können, wenn das österliche Feuer entzündet wurde. In der noch finsteren Nacht entfachte der Mesner das Feuer mit einem Zündholz. Wir Ministranten standen mit Tragekreuz, Weihwasser und Weihrauchfass um den bald lodernden Scheiterhaufen herum, der Pfarrer dabei in vollem Ornat. Es war ein Schauspiel, wenn die Flammen in den nächtlichen Himmel zischten und zuckten. Vom Geistlichen erhielt das Feuer, ein Sinnbild der Auferstehung, nun den Segen. Die neue Osterkerze, verziert mit fünf Wachsnägeln und der Jahreszahl, wurde am Osterfeuer entzündet. Nun teilte sich die Gruppe der Messdiener. Einige hatten Feuerdienst und kümmerten sich um das Niederbrennen des Scheiterhaufens, andere folgten dem Pfarrer mit der

Osterkerze in die noch dunkle Kirche. Dabei wurde dreimal das „Lumen Christi. Deo gratias“ angestimmt.
Nach der Weihe der Osterkerze wurden zwölf Propheten, Texte aus dem Alten Testament, vorgelesen. Sie erinnerten an die Erschaffung der Welt sowie an Moses und Jonas. Unter langen Wechselgesängen, natürlich lateinisch, wurde nun das Taufwasser geweiht. Bei solchen Gelegenheiten erwiesen sich meine ersten Lateinkenntnisse als hilfreich. Ein Wort muss ich noch meinen „Kollegen“ widmen, die die weitere Betreuung des Osterfeuers übernommen hatten. War der Holzstoß ziemlich niedergebrannt, mussten sie mit Hilfe eines eisernen Rechens aus dem Feuer glühende Kohlen herausholen und diese in bereitgestellte Wassereimer werfen. Da knisterte und dampfte es, bis die Kohlen erloschen waren. Erst dann konnte man sie aus dem Wasser nehmen und zum Abtrocknen ins Gras legen. Später kamen die Holzkohlen in große Büchsen, wo sie zum Räuchern beim Gottesdienst aufbewahrt wurden.
Krönender Höhepunkt des Karsamstags war die Auferstehungsfeier am frühen Abend. Ähnlich wie die Christmette erfreute sie sich bei den Gläubigen besonderer Beliebtheit. Es kamen auch viele, die die Kirche sonst nur von außen sahen.
Dicht gedrängt standen die Leute auch noch in den Gängen. Was zog sie an diesem Tag in das Gotteshaus? Vermutlich war es die szenische Darstellung der Auferstehung des Gekreuzigten. Nach einer kurzen Andacht kam der Höhepunkt, der der Feier den Namen gab. Bei den Worten des Priesters „Christ ist erstanden!“ erschien im hell erleuchteten Heiligen Grab, inmitten der vielen Blumen, die Figur des Auferstandenen mit der Siegesfahne. Schon vorher war das Bild des im Grab liegenden Herrn mit einem Vorhang verhängt worden. Nun konnte jedermann auch sinnlich wahrnehmen: Christus ist wahrhaft auferstanden. Der Organist unterstrich mit brausendem Spiel die aufbrechende Osterfreude. Der Kirchenchor stimmte das beliebte „Haec dies, quam fecit dominus“ von Caspar Ett an, dem sich das Volk mit dem Lied „Der Heiland erstand“ anschloss. Es war schon eine große Feierlichkeit, die sich bei diesem Gottesdienst voll entfalten durfte. Anders als heute war die österliche Auferstehung eben nicht nur eine Sache des Kopfes, son-

Osterfreude wurde erlebt, und freudig nahm sie ein jeder mit nach Haus.

dern auch und vor allem des Gemütes, der Seele. Osterfreude wurde erlebt, und freudig nahm sie ein jeder mit nach Hause.
Damit unsere Kirche am anderen Morgen im österlichen Glanz erstrahlen konnte, gab es nach der triumphalen Auferstehungsfeier für uns Ministranten noch viel zu tun. Bis in die Nacht hinein waren wir mit Aufräumarbeiten beschäftigt, denn es mussten alle Zeichen der Trauer der vergangenen Kartage, vor allem aber das Heilige Grab, beseitigt werden. Beim feierlichen Hochamt am Ostermorgen waren dann alle Strapazen der vorösterlichen Tage überstanden und vergessen.
Nach dem Ostergottesdienst machten wir uns an das Eiersuchen. Wie freuten wir uns über die buntgefärbten Eier in unseren Ostemestem! Wir waren damit voll zufrieden. Soweit es das Wetter erlaubte, trafen wir uns nach der nachmittäglichen Osterandacht in einem Garten zum „Oarscheib'n", einem Spiel, bei dem wir Ostereier über zwei schräg gestellte Stiele ins junge Gras rollen ließen. Damit fand der kirchliche Dienst am Ostersonntag noch einen fröhlichen weltlichen Ausklang.

Christ ist erstanden

Christ ist erstanden
von der Marter alle.
Des solln wir alle froh sein;
Christ will unser Trost sein.
Kyrieleis.

Wär er nicht erstanden,
so wär die Welt vergangen.
Seit dass er erstanden ist,
so freut sich alles, was da ist.[4]
Kyrieleis.

Unsere Stars – christliche Rockmusik

Der **Beat-Club** war die erste Musiksendung mit einem englischsprachigen Interpreten von 1965 bis 1968, produziert von Radio Bremen, die erste Folge einer Fernsehreihe der ARD.

Larry David Norman (1947–2008) legte 1969 mit seinem Album „Upon this Rock“ das Fundament für den modernen christlichen Rock. Er zeigte, dass man als Christ Rocksongs komponieren und darbieten kann. Am deutlichsten sagte er das 1972 in dem Lied „Why Should The Devil Have All The Good Music“ (Warum sollte nur der Teufel die gute Musik haben). Ende der 60er Jahre wurde verstärkt „christlich gerockt“.

The Crusaders (Die Kreuzfahrer), eine Rockband aus Südkalifornien, veröffentlichte 1966 das Album „Make a Joyful Noise with Drums and Guitars“. Der Titel bezog sich auf Psalm 100: „Jauchzet vor dem Herrn, alle Länder der Erde“. Der „Spiegel On Line Eines Tages“ vom Dezember 2011 berichtete unter dem Titel „Jauchzet, froh rocket“ über die christlichen Bands und zitierte den Satz auf der Plattenhülle der Crusaders: „Zum ersten Mal wird Gott durch das modernste der musikalischen Ausdruckmittel gepriesen: den Beat.“ Das sollte der Markstein für den Beginn christlicher Rockmusik sein. Die Band „The Crusaders“ wechselte ihren Namen und löste sich bald auf.

Elvis Presley (1935–1977), ein US-amerikanischer Sänger, Musiker und Schauspieler, der bekannteste Vertreter der Rock- und Pop-Kultur des 20. Jahrhunderts. Er war mit seiner fast drei Oktaven umfassenden, gefühlsbetonten Stimme und seinen Körperbewegungen bei seinen Auftritten in Rock, Pop, Country,

CHRISTLICHER ROCK UND BEAT IN DEN 1960ERN

Mitte der 60er Jahre traten einige Musikgruppen und Solisten der Rockszene zum christlichen Glauben über. Sie hielten ihren Musikstil bei, aber unterlegten ihren Liedern christliche Texte. Auf dieser neuen Welle zeigten sie, dass man lange Haare haben, Anhänger von Rock und Beat und trotzdem Christ sein konnte. Rock und Beat mit ihrer Lautstärke und ihrem Rhythmus sprachen viele junge Menschen an. Viele von ihnen zählten bald zu den älter Gewordenen. Aber an „ihre" früheren Stars werden sie sich erinnern.

Blues und Gospel erfolgreich. Er erhielt Gold-, Platin- und Diamant-Auszeichnungen: Dreimal gewann er den Grammy auch für seine Gospel-Interpretationen. „Amazing Grace", „I believe" und „How Great Thou Art" gehörten zu seinem Repertoire.

Inga Rumpf, eine deutsche Sängerin, wurde 1965 die Sängerin der Folk-Rock-Gruppe „The City-Preachers" (später: „Frumpy"), in der Udo Lindenberg zeitweise Schlagzeug spielte. Rumpf galt Anfang der 70er Jahre als eine der talentiertesten deutschen Rocksängerinnen. Später wandte sie sich verstärkt der Gospelmusik zu. 2006 war sie Mitglied der Jury des „Gospel-Award" in der Fernseharbeit der evangelischen und der katholischen Kirche.

Karl May

Karl May (1842–1912), der „Vater“ der Romanhelden Winnetou und Old Shatterhand, kam vor 175 Jahren, am 25. Februar 1842, im sächsischen Ernstthal zur Welt. Bekannt wurde er durch seine Reiseerzählungen, die in Nordamerika und im Orient spielen. Erst spät, nachdem er längst große Erfolge als Schriftsteller feierte, bereiste er die Heimat seiner Romanfiguren.

PROMINENTE KARL-MAY-FANS

Margot Käßmann

„Der Schatz im Silbersee“ (1962) mit Pierre Brice als Winnetou war der erste Film ihres Lebens, den Margot Käßmann im Kino gesehen hat. Respekt vor Menschen anderer Herkunft, Gerechtigkeit, Freundschaft und Liebe sind für die ehemalige Ratsvorsitzende der Evangelischen Kirche in Deutschland die großen Themen bei Karl May.

Norbert Blüm

Auch Norbert Blüm zählt zu den Karl-May-Fans: „Karl May hat mit Old Shatterhand und Kara Ben Nemsi Figuren geschaffen, mit denen sich jugendliche und erwachsene Leser noch identifizieren werden, wenn längst vergessen ist, wer Rambo oder Der Terminator sind. Die Wirkung von Karl Mays Figuren beruht darauf, dass sie unsere Fantasie anregen. Sie treffen unsere Sehnsucht nach exotischer Ferne und einer besseren Welt.“

Wussten Sie schon, dass ...

... Karl May der erfolgreichste deutsche Autor des 19. Jh. ist? Ca. 100 Mill. Bücher verkauften sich bis heute allein in Deutschland. Der christliche Glaube spielt auch in den bekanntesten Werken Mays eine wichtige Rolle, er zeigte sich für May vor allem in der Liebe und dem Bemühen, ein guter Mensch zu sein. Viele Charaktere seiner Geschichten sollen Vorbilder für christliches Handeln geben und bekennen sich klar zu ihrem Glauben.

... Karl May im Gefängnis zum christlichen Glauben fand? In seiner Jugend wurde Karl May wegen kleineren Betrügereien und Diebstählen zu Zuchthausaufenthalten verurteilt. Er lernte den Gefängnispfarrer Johannes Kochta kennen, mit dem er viele Gespräche über religiöse Fragen führte. May blieb Zeit seines Lebens evangelisch, hatte aber eine große katholische Leserschaft.

... Karl May viele seiner Erzählungen in der katholischen Wochenzeitung „Deutscher Hausschatz“ veröffentlichte? May verfasste außerdem Geschichten, die in Marienkalendern erschienen. Diese Marienkalendergeschichten sind kurze Reisegeschichten mit stark religiösem Bezug.

Buchtipps

Das Glück

Du sagst, du könnest nicht fassen,
Was du zu fassen hast.
Du brauchst's nur wirken zu lassen,
So hast du es gefasst.

Es kommt genau wie die Sonne;
Auch sie ergreifst du nicht
Und grüßest sie doch mit Wonne
Und lebst in ihrem Licht.

Nur darfst du dich nicht entziehen
Dem oft verkannten Glück.
Wer eilig ist, es zu fliehen,
Dem kehrt's wohl kaum zurück

Karl May

Karl May – ein christlicher Autor

Kein Zweifel, Karl May (1842–1912) war gläubig. Als ein Zeitgenosse des 19. Jahrhunderts hinterfragte er das Christliche nicht, obwohl das „rationalisierte" Christentum Fragen offen ließ. Für Karl May war das Christliche kein Zeitkolorit. Für ihn verstand es sich aufgrund seines Werdegangs von selbst. So gilt etwa in seinen Abenteuerromanen die Regel: Kaum ist der Feind besiegt, wird ihm vergeben. Winnetou und viele andere Helden aus Mays Werken leben religiös. Winnetou bekennt sich in seinem Abschiedsbrief als Christ. Vor allem in seinen Frühwerken beantwortet Karl May erzählenderweise Lebensfragen aus der Sicht des Glaubens. Wiederholt zitiert er die Bibel. Sein Spätwerk ist eher philosophisch, aber vor einem christlichen Hintergrund.
Buchtipp: „Durchs wilde Kurdistan", „Winnetou" (Bände I bis III)

Der Winne-, Wonne-, Weidenmonat Mai

Zur schönen Maienzeit erwacht die Natur zu neuem Leben. Die Menschen treten bunt gekleidet und froh gestimmt aus den Häusern. Die Feld- und Gartenarbeit beginnt. Der „Winnemond", der Weidemonat, beginnt. Die Kühe werden auf die Weide, die Pferde auf die Koppel geführt. Kühe, die auf die Alm getrieben werden, schmückt man zwischen den Hörnern.

In vielen Orten wird in der Nacht zum 1. Mai der Maibaum aufgerichtet. Früher tanzte man um ihn. Es gab Umzüge mit einem Maikönig und einer Maikönigin. Die Felder wurden gesegnet. Die Hausfrau backte einen besonderen Kuchen. Manche verrührten und dekorierten die selbst gemachte Butter mit Kräutern, die sie schon im Garten fanden. Zweige wurden ins Haus geholt, die bald keimten. Viele Hochzeiten fanden im „Wonnemonat" Mai statt.

Karl der Große führte im 8. Jahrhundert den Namen „Wunnimanoth" (altdeutsch) ein. Der Name verweist auf die warmen Temperaturen und auf die wieder erwachte Vegetation. In unserem Sprachgebrauch wurde, vielleicht durch einen Hörfehler, daraus „Wonnemonat", ein Liebes-, Blumen- und Hochzeitsmonat, eine Zeit für Herz und Gemüt (wie in der zweiten Strophe des Liedes „Grüß Gott, du schöner Maien" beschrieben), für Frohsinn, Gesang und Tanz. – So war es früher allenthalben! Volkslieder bewahren vieles von dem, was einstmals war.

Der Mai beginnt mit Christi Himmelfahrt. Meist ist er auch der Pfingstmonat. Die Kirche feiert ihr Wiederaufblühen aus der Kraft des Schöpfergeistes. Er ist zugleich der Marienmonat. Maria wird in Andachten und bei Wallfahrten verehrt.

„GRÜSS DICH GOTT!“

Das Lied „Grüß Gott, du schöner Maien“ setzt mit einem Gruß ein. Er klingt so, als werde der Mai aufgefordert, Gott zu grüßen. Aber der volle Wortlaut „Grüß dich Gott!“ meint: Mit dem Gruß von Gott wünschen wir dir Gutes, Gottes Segen. Wünsche ich dem Mai ein „Benedictus“, ein „gut gesprochen“, stelle ich ihn unter Gottes Schutz. Zu dem Text des Liedes passt die heitere Melodie. Beides kommt aus dem 16. Jahrhundert, einer Zeitepoche, die, wie alle Zeiten, auch ihre Sorgen und Mühen, ihre Ängste und ihren Ärger hatte. Doch wer sich fleißig müht und sorgt, wozu der Monat Mai Grund genug bietet, der findet auch Grund, mit Nachbarn und Freunden zu lachen, singen und tanzen.

Grüß Gott, du schöner Maien

Grüß Gott, du schöner Maien,
da bist du wiedrum hier,
tust Jung und Alt erfreuen,
mit deiner Blumen Zier.
Die lieben Vöglein alle,
die singen also hell;
Frau Nachtigall mit Schalle
hat die fürnehmste Stell.

Die kalten Wind verstummen,
der Himmel ist gar blau,
die lieben Bienen summen
daher von grüner Au.
O holde Lust im Maien,
da alles neu erblüht,
du kannst mich sehr erfreuen,
mein Herz und mein Gemüt.

Hochzeiten – so haben wir früher gefeiert

Es heißt, erst seit 1963 seien die kirchlichen Trauungen zurückgegangen und haben die so genannten freien Trauungen zugenommen. Ein Unterschied bei diesem Rückwärtstrend war zwischen Stadt und Land zu beobachten: In der Stadt lebten die Menschen anonymer, auf dem Land im Kontakt mit Familie, Verwandten, Nachbarn, Freunden, Bekannten, ehemaligen Klassenkameraden. Hochzeitsfeiern führten die Menschen vor allem auf dem Land in großer Zahl zusammen.

Die Landessynode der württembergischen Landeskirche formulierte am 27. Juni 1957 zu ihren „Ausführungsbestimmungen zur Kirchlichen Trauung" Folgendes: „In der kirchlichen Trauung wird der Ehebund im Namen Gottes gesegnet. Die Kirche verkündigt das Wort Gottes über die Ehe, das dem Ehebund den rechten Grund gibt und ihn heiligt. Durch ihr Ja sollen sich die Eheleute zur göttlichen Ordnung und christlichen Führung ihrer Ehe in der Gemeinde bekennen."

Katholisch ist die Trauung eines der sieben Sakramente. Die Eheleute spenden es sich gegenseitig. Zum Zeichen dafür stecken sie sich gegenseitig die Ringe auf. Sie geben sich die rechte Hand. Der Priester wickelt seine Stola um beide Hände, legt seine rechte Hand auf die Stola und spricht die beiden in den heiligen christlichen Ehestand. So wurde früher auch bei evangelischen Christen der Ehebund geschlossen, wenn auch damals ohne eine Stola. War das kein Sakrament, dann doch eine sakramentale Handlung. In den 50er Jahren fanden in beiden Kirchen „Brautmessen" statt. Das waren Trauungen, verbunden mit einer Eucharistiefeier beziehungsweise mit der Feier des hl. Abendmahls. In den 60er Jahren ging die Zahl der so genannten Brautmessen zurück. Bei den Evangelischen waren es ohnehin weniger als bei den Katholischen.

VERLIEBT, VERLOBT, VERHEIRATET

Ab den 70er Jahren nicht mehr selbstverständlich, aber in den 50er und durchaus auch noch in den 60er Jahren ging der Heirat unbedingt die Verlobung voraus. Der zukünftige Schwiegersohn wurde in der Familie der Schwiegertochter vorgestellt und eingeführt und umgekehrt. Öffentlich verliebt herumzuturteln und sich zu küssen, galt damals als unschicklich. Auch interessant: Laut Statistiken war etwa ein Drittel der Frauen bei ihrer Eheschließung in den 50er Jahren schwanger.

Bei konfessionsverschiedenen beziehungsweise konfessionsverbindenden Ehepaaren war seit dem Zweiten Vatikanischen Konzil (1962–1965) eine katholische Trauung mit dem Beistand eines evangelischen Geistlichen, auch umgekehrt möglich. Fand die Trauung unter der Leitung eines evangelischen Pfarrers mit Beistand eines katholischen statt, wurde für den katholischen Teil vorher von dem zuständigen Generalvikariat ein Dispens erbeten. Dann konnte die Trauung in den Trauregistern beider Kirchen als gültige Ehe eingetragen werden.

Erinnerungen an kirchliches Leben

In der DDR wurden in den 1950er und 1960er Jahren die christlichen Kirchen und ihre Mitglieder unterdrückt. Den Kindern bekennender Christen wurden oftmals eine weiterführende Schulbildung und ein Studium verwehrt. Viele Berufe waren für sie nicht zugänglich. Beginnend mit den 50er Jahren wurden die Heranwachsenden, auch durch den Druck von Partei- und Staatsorganen auf die Eltern, zur Jugendweihe gedrängt. Viele Eltern wollten sich nicht ihre Karriere oder den Lebensweg ihrer Kinder verbauen. Die christliche Bindung sank unter diesem Druck, auch durch den Ausschluss der Religionslehre an den Schulen. Eltern und Jugendliche gerieten durch die Missachtung von Firmung und Konfirmation und durch die systematische Werbung für die Jugendweihe in Bedrängnis. Denkt man zurück, bleiben diese Herausforderungen in der Erinnerung haften.

Trifft man sich dagegen in den so genannten alten Bundesländern zur Feier der Goldkommunion, Goldfirmung und Goldkonfirmation, gehen die Gespräche andere Wege. Sie führen in eine Zeit zurück, in der nahezu alle Kinder getauft wurden und katholische Kinder nach entsprechender Vorbereitung zur Erstkommunion gingen. Fast alle Jugendlichen wurden konfirmiert beziehungsweise gefirmt. Nur ein geringer Prozentsatz der Bevölkerung gehörte keiner christlichen Konfession an. – Unter dieser Perspektive sind die folgenden Abschnitte zu verstehen.

KIRCHLICHES LEBEN IN ZAHLEN

Von 1960 bis in die Mitte der 70er Jahre stieg in der Katholischen Kirche die Mitgliederzahl stetig an. Erst danach nahmen die Mitgliederzahlen kontinuierlich ab. 1960 gab es in Deutschland fast 26 Millionen Katholiken. Zehn Jahre später waren es etwa 29 Millionen. Bei den katholischen Taufen nahmen die Zahlen schon früher ab: Von 1960 stieg die Zahl der Taufen von etwa 480.000 auf den Höchststand von etwas über 500.000 Mitte der 60er Jahre an. Danach gab es dramatische Einbrüche, sodass die Zahl der Taufen schon Mitte der 70er Jahre deutlich unter die Marke von 300.000 fiel.

Erstkommunion

Die Erstkommunion gehört wie die Taufe und die Firmung zu den Sakramenten, die in die Kirche eingliedern. Sie wurde festlich begangen. Der weiße Sonntag (einen Sonntag nach dem Ostersonntag) war ein bevorzugter Termin für den gemeinschaftlichen ersten Empfang der Eucharistie. Ihr gingen eine Erstbeichte und die Absolution voraus. Die Vorbereitung auf Erstbeichte und Erstkommunion übernahm in der Regel der Ortsgeistliche oder dessen Kaplan. Damals standen noch genügend Geistliche zur Verfügung. In den 60er Jahren übernahmen in zunehmendem Maße „Tischmütter“ und „Tischväter“ in wünschenswerten kleinen Gruppen ehrenamtlich diesen Dienst. Die Mädchen zogen in weißen Kleidern und mit einem weißen Kranz im Haar mit dem Pfarrer und Messdienern in einer Prozession zur Kirche. Anfangs trugen sie noch kurze Röcke, teilweise auch Seidenstrümpfe, später Strumpfhosen und längere Röcke beziehungsweise Kleider. Mit wachsendem Wohlstand wurde es möglich, dass die Jungen, nicht überall, aber vielerorts, einheitlich dunkelblaue Anzüge mit kurzen Hosen und weiße Kniestrümpfe trugen. Alle hielten in der Prozession zur Kirche eine Kommunionskerze in ihrer Hand. Oft waren es ihre Taufkerzen, die neu entzündet wurden.

Konfirmation/ Firmung

Früher fiel die Konfirmation mit der Entlassung aus der Volksschule und dem Eintritt ins Berufsleben (meist Lehrjahre) zusammen. Die Jungen trugen zum ersten Mal lange schwarze Hosen, die Mädchen lange schwarze Röcke. Die Jungen knieten mit einem anderen Jungen, die Mädchen mit einem anderen Mädchen vor dem Altar. Sie wurden vom Pfarrer „eingesegnet" und damit kirchlich mündig. Die gerahmte Konfirmationsurkunde, gesiegelt und vom Pfarrer unterschrieben, mit dem Konfirmationsspruch wurde in der „Guten Stube" aufgehängt. Bis in die 1950er Jahre gingen noch ganze Schulklassen zur Konfirmation. Der Einsegnung ging ein zweijähriger wöchentlicher Katechumenen- und Konfirmandenunterricht voraus. Ihm folgte eine Konfirmandenprüfung, meist im Gottesdienst. Dazu gab es einen vorgeschriebenen „Mindestlernstoff". Diese Vorschrift wurde in den 60er Jahren immer weniger beachtet, später abgeschafft.

Bei der Firmung wurden die Firmlinge durch Handauflegen gesegnet. Dass sie nun an Jesu Christi königlichen und priesterlichen Vollmacht und an seiner messianischen Geistfülle teilhaben, dazu wurde ihnen mit Chrisam ein Kreuz auf die Stirn gesalbt. Das Sakrament der Firmung wurde in der Regel von einem Weihbischof erteilt. Jeder Firmling hatte eine Firmpatin oder einen -paten. Er / sie legte während der Firmung eine Hand auf die rechte Schulter des Firmlings. In den 50er und 60er Jahren (bis zur Erneuerung des Firmritus 1973) war vielerorts ein angedeuteter Backenstreich vom Bischof (vergleichbar etwa mit dem Ritterschlag) üblich. Die Zahl der Firmlinge ging parallel zu der Zahl der Konfirmanden und Konfirmandinnen, in den 50er, vor allem in den 60er Jahren, in der DDR zurück.

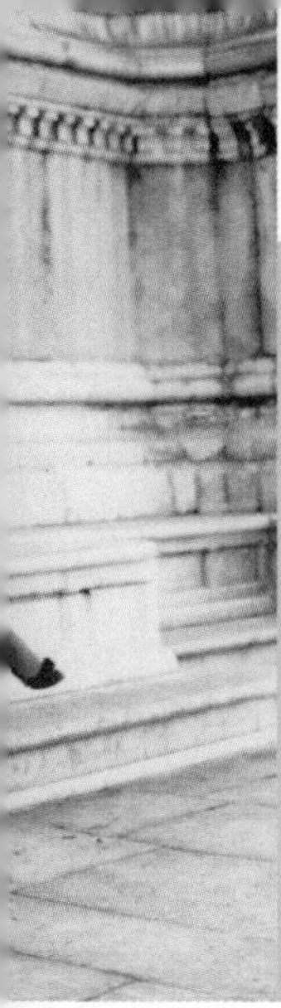

BEFIEHL DU DEINE WEGE

Dem Herren musst du trauen,
wenn dir's soll wohlergehn;
auf sein Werk musst du schauen,
wenn dein Werk soll bestehn.
Mit Sorgen und mit Grämen
und mit selbsteigner Pein
lässt Gott sich gar nichts nehmen,
es muss erbeten sein.

Dein' ewge Treu' und Gnade,
o Vater, weiß und sieht,
was gut sei oder schade
dem sterblichen Geblüt;
und was du dann erlesen,
das treibst du, starker Held,
und bringst zum Stand und Wesen,
was deinem Rat gefällt.

Text: Paul Gerhard 1653
Melodie: Bartholomäus Gesius 1603

Konrad und Paul Adenauer

Vor etwa 50 Jahren starb der erste Bundeskanzler Konrad Adenauer (1876–1967). Sein Sohn Paul (1923–2007) wurde 1951 von Kardinal Frings zum Priester geweiht. Als Beichtvater in Bad Godesberg erfreute er sich eines regen Zulaufs. Oft war die Kirche zur Beichtzeit am Sonnabendnachmittag voll. Zwar waren mehrere Beichtstühle besetzt, doch wollten alle bei Paul Adenauer beichten. Offenbar wollten die Sünder hier etwas mehr als die Lossprechung von ihren Verfehlungen. Sie unterbreiteten dem jungen Kaplan Anliegen, die er doch bitte an seinen Vater weiterleiten sollte. Dechant Heimbach, dem Pfarrer der Stadtkirche, wurde es schließlich einmal zu viel. Er rief in die Kirche hinein: „Herr Kaplan Adenauer hört heute keine Beichte." Die meisten Gläubigen verließen die Kirche. Jedes weitere Wort war unnötig.

Wussten Sie schon, dass ...

... Konrad Adenauers Krippe in seinem Wohnhaus in Rhöndorf besichtigt werden kann? Die barocken Krippenfiguren erfreuten sich großer Beliebtheit im Hause Adenauer. Selbst als Adenauer sich 1933 im Kloster Maria Laach versteckt hielt, reiste seine Frau Gussie mit den Krippenfiguren im Gepäck an. In Adenauers Wohnhaus in Rhöndorf finden jedes Jahr besinnliche Krippenfeiern statt.

... Konrad Adenauer ein Nagelkreuz von Coventry besaß? Nach der Zerstörung Coventrys 1940 durch die deutsche Luftwaffe ließ der Propst der Kathedrale in Coventry aus drei Nägeln, die in der Kirchenruine gefunden wurden, ein Kreuz anfertigen. Das Nagelkreuz von Coventry wurde zu einem Symbol der Versöhnung und des Friedens. Auch Adenauer erhielt Ende der 1950er Jahre ein Kreuz als Geschenk, da er den Neubau der Kathedrale mit einer Spende unterstützt hatte.

... das „Kölner Kriegsbrot" 1915 von Konrad Adenauer erfunden wurde? Adenauer, der während des Ersten Weltkriegs für die Versorgung der Bevölkerung zuständig war, ließ aus Reis- und Maismehl ein Brot herstellen, auf das er 1915 sogar ein Patent erhielt. Das Adenauerbrot, mit leicht verbesserter Rezeptur, gibt es noch heute in Köln zu kaufen.

Konrad Adenauer

Ein kluger, wendiger, dennoch zielstrebiger Politstratege war Adenauer. Mit einer Stimme Mehrheit (einschließlich seiner eigenen) wurde er 73-jährig 1949 zum Bundeskanzler gewählt. Er blieb es bis zu seinem Rücktritt mit 87 Jahren am 15. Oktober 1963. Ein praktizierender Katholik. In der Weimarer Zeit gehörte er zur Zentrumspartei. 1917 wurde er Oberbürgermeister der Stadt Köln. Er machte sich verdient, unter anderem im I. Weltkrieg für die Versorgung der Bevölkerung mit Lebensmitteln und für die Stadtplanung (Grüngürtel). Als Präsident des Preußischen Staatsrates trat er für sein Rheinland ein. Im III. Reich war er wiederholt inhaftiert oder musste sich mal hier, mal dort verstecken. Im Hof des Klosters Maria Laach kann man sich das Fenster eines seiner Verstecke zeigen lassen.

Bequem konnte er von seinem Privathaus in Rhöndorf am Rhein zur langjährigen Bundeshauptstadt Bonn gelangen. Aber gegen Frankfurt, die Alternative zu Bonn, wehrte er sich, nicht nur weil Frankfurt SPD-regiert war, auch weil es der Sitz des US-amerikanischen Militärgouverneurs war. Machtpolitisch motiviert war auch seine Intervention beim französischen Ministerpräsidenten George Bidault. Er sollte dafür sorgen, dass West-Berlin kein Bundesland wird. Sonst wäre die SPD die stärkste Partei in Westdeutschland.

Dreimal wurde Adenauer gewählt, 1953, 1957 mit absoluter Mehrheit, 1961. Um Kritiker in den eigenen Reihen zu zähmen, ging er noch in eine Koalition mit der DP ein. Von 1951 bis 1955 besetzte er neben dem Amt des Bundeskanzlers noch das des Außenministers. Nur ein Vereinigtes Europa garantierte für ihn den Frieden, darum die Aussöhnung mit Frankreich. Dem diente sein gutes persönliches Verhältnis zum französischen Präsidenten Charles de Gaulle. Nach seiner größten Leistung befragt, antworten viele, seine Reise 1955 nach Moskau, bei der er die Freilassung der letzten Zehntausend deutschen Kriegsgefangenen bewirkte.

Wo Gott das Brot bricht, hungert keiner

Lebensnah veranschaulichte Niko Kazantzakis 1966 in dem Roman „Griechische Passion" die globale Herausforderung: „Brich dem Hungrigen dein Brot!" Sie führt in ein Dorf, dessen Gemeinderat für das Passionsspiel im nächsten Jahr Spieler ausgesucht hat. Der Hirte Manolios soll Jesus darstellen. Er identifiziert sich so sehr mit der Rolle, dass aus dem Spiel Ernst wird. Er fordert den Zehnten der Erträge und die brachliegenden Felder für die Hungernden der Flüchtlingsgemeinde. Jeder soll seine Gabe Gott leihen.

„Schert euch weg, irgendwo anders hin, mit tausend guten Wünschen von Gott, aber weit, weit fort von hier!", erwiderte der Priester Gregoris dem Priester Fotis von der Flüchtlingsgemeinde. Gregoris leitet die wohlhabende Gemeinde Likrovisi. Seine Forderung gegenüber der Flüchtlingsgemeinde begründet er: „Gott hat Reiche und Arme geschaffen, weh dem, der diese Ordnung zu stören versucht!"

Die Gegensätze steigern sich im Roman bis zum Totschlag. Der Hirte Manolios wurde von der aufgebrachten Menge erschlagen. Der Priester Fotis von der Flüchtlingsgemeinde klagte an seiner Leiche: „Wann wirst du geboren werden, Christus, um nicht mehr gekreuzigt zu werden, um ewig unter uns zu leben?" – Von dem Brot, das Christus ist, werden die in der Kirche und die in der Grotte satt.

BRICH DEM HUNGRIGEN DEIN BROT

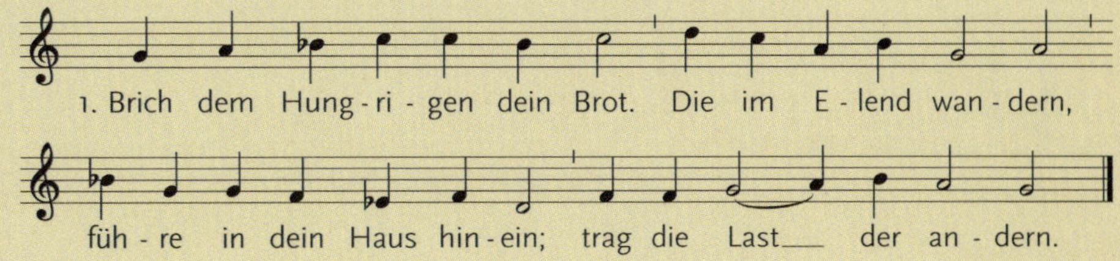

2. Brich dem Hungrigen dein Brot;
du hast's auch empfangen.
Denen, die in Angst und Not,
stille Angst und Bangen.

3. Der da ist des Lebens Brot,
will sich täglich geben,
tritt hinein in unsre Not,
wird des Lebens Leben.

4. Dank sei dir, Herr Jesu Christ,
dass wir dich noch haben
und dass du gekommen bist,
Leib und Seel zu laben.

5. Brich uns Hungrigen dein Brot,
Sündern wie den Frommen,
und hilf, dass an deinen Tisch
wir einst alle kommen.

Text: Martin Jentzsch 1951
Melodie: Gerhard Häußler 1953
GL – Freiburg und Rottenburg-Stuttgart: 740; EG 418;

PAPST BENEDIKT XVI.

Emmaus

Im Evangelium des Ostermontags wird von zwei Jüngern Christi erzählt, die einen Tag nach dem Sabbat, das heißt am dritten Tag nach seinem Tod, Jerusalem traurig und niedergeschlagen verließen, um sich in ein nicht weit entferntes Dorf zu begeben, das Emmaus hieß. Unterwegs gesellte sich der auferstandene Jesus zu ihnen, sie aber erkannten ihn nicht. Da er ihre Bedrücktheit bemerkte, erklärte er ihnen auf der Grundlage der Schrift, dass der Messias leiden und sterben musste, um so in seine Herrlichkeit zu gelangen. Nachdem er dann mit ihnen in ihr Haus hineingegangen war, setzte er sich zu Tisch, segnete das Brot und brach es, und da erkannten sie ihn, er aber entzog sich ihren Blicken und ließ sie voller Staunen vor jenem gebrochenen Brot, dem neuen Zeichen seiner Gegenwart. Und sofort kehrten die beiden nach Jerusalem zurück und erzählten das Geschehene den anderen Jüngern.

Dieser wunderbare Text aus dem Evangelium enthält bereits die Struktur der Heiligen Messe: im ersten Teil das Hören des Wortes durch die Heilige Schrift; im zweiten Teil die eucharistische Liturgie und die Gemeinschaft mit dem im Sakrament seines Leibes und seines Blutes gegenwärtigen Christus. Indem sich die Kirche an diesem zweifachen Tisch nährt, wird sie unablässig erbaut und Tag für Tag im Glauben, in der Hoffnung und der Liebe erneuert.

INTERVIEW MIT FRANK ELSTNER

Ist Ihnen Ihre ‚innere Stimme' auch außerhalb Ihres Berufes eine richtungweisende Instanz, der Sie immer wieder Gehör schenken?

„Ja, wenn ich Radio Vatikan, einem Kollegen, schon ein Interview gebe, da können wir auch gerne über den lieben Gott reden. Ich bin katholisch erzogen worden, ich war sechs Jahre im erzbischöflichen

FRANK ELSTNER

Frank Elstner zählt zu den bekanntesten deutschen Radiomachern und Fernsehshowmastern. Er erfand zahlreiche Fernsehsendungen, so auch die zunächst von ihm selbst moderierte Show „Wetten, dass ...?“ Als Kind war Frank Elstner Ministrant. „Wer, wie Frank Elstner, den liturgischen Marathon von Palmsonntag über Gründonnerstag, Karfreitag, die Osternacht und das Auferstehungshochamt über mehrere Jahre hindurch mitgemacht hat, der hat möglicherweise seine Steherqualitäten und eine selbstverständliche Kraft zum Durchhalten entwickelt“, sagt der frühere ZDF-Intendant Markus Schächter.

Gymnasialkonvikt St. Bernhard in Rastatt und da hat man mir schon einmal gesagt, ‚Du endest irgendwann einmal bei Radio Vatikan‘. Das hat jetzt siebzig Jahre gedauert, bis ich zum ersten Mal mit Ihnen spreche. – Ja, ich spreche mit Gott ... und lasse mich auch gerne von ihm leiten.“

Was hat sich aus den Jahren der Studienzeit im erzbischöflichen Gymnasium an ‚Katholizität‘ bei Ihnen festgeklammert, was ist an ihr möglicherweise verloren gegangen?

„Verloren gegangen ist mir, möchte ich sagen, ein bisschen mein Enthusiasmus für die Kirche. Als ich näher hingeschaut habe und festgestellt habe, dass die Kirche eben von Menschen gemacht wird und wir Menschen so voller Fehler sind. Das heißt, ich habe frühzeitig versucht zu unterscheiden zwischen der Lehre, dem Glauben und den Menschen, die die Kirche vertreten. Und dabei bin ich eigentlich einen ganz guten Weg gegangen. Ich habe heute kein Problem mit der Kirche, weil ich sie entspannter interpretiere.“

Ein Blick von Baden-Baden nach Rom: Was schätzen Sie an der römischen Kirche?

„Ich hatte die Ehre, Papst Benedikt, als er noch Kardinal war, kennenzulernen. Ich hatte eine Audienz im Vatikan, ich habe mich über eine halbe Stunde mit ihm unterhalten dürfen und da ist so viel Sympathie übergelaufen, dass ich über ihn jetzt nur mehr subjektiv urteilen kann. Ich weiß nur, dass an dem Tag, als es hieß, er ist Papst geworden ... da schossen mir die Tränen ins Gesicht.“

Larry Norman – Vater der christlichen Rockmusik

Für die Entstehung einer christlichen Popkultur ab Mitte der 60er Jahre war er besonders wichtig: Larry Norman. Er wird auch als Vater der christlichen Rockmusik oder als „Großvater des Jesus Rock" bezeichnet. Geboren 1947 in Texas, wuchs er in San Francisco in einer von Schwarzen geprägten Gegend auf. Die Musik der Schwarzen beeinflusste ihn; mit traditioneller „weißer" Kirchenmusik konnte er nicht viel anfangen.

Zunächst spielte er in der Rockband „People", mit der er Ende der 60er Jahre zwei Alben aufnahm, bevor 1969 sein erstes Soloalbum folgte. Er war der erste Musiker, der echte Rocksongs mit christlichen Texten aufnahm. Auf seinem 1972 veröffentlichten Album Only Visiting This Planet (Nur zu Gast auf Erden) war das Lied mit dem programmatischen Titel „Why Should The Devil Have All The Good Music" („Warum sollte nur der Teufel die gute Musik haben") zu finden. Darin argumentiert Larry Norman wortgewandt, dass man sehr wohl Rockmusik hören oder selbst spielen und gleichzeitig christlich sein kann. Was heute ganz selbstverständlich scheint, war damals längst nicht allgemein akzeptiert. Lange Zeit galt Rockmusik als „Teufelsmusik".

1978 überlebte er einen Flugzeugabsturz nur knapp, erlitt dabei schwere Hirnschädigungen, und es brauchte Jahre, bis er wieder ganz gesund war. Deshalb mussten Fans ganze zwölf Jahre auf das nächste Studioalbum warten. Trotz eines schweren Herzinfarkts im Jahr 1992 gab er noch bis 2007 Konzerte, ehe er 2008 mit 60 Jahren starb. 1990 wurde ihm vom Christian Artists Seminar eine Auszeichnung für sein Lebenswerk verliehen.

MIT LIEDERN PREDIGEN

„Ich bin ein Menschenfischer mit einem ganz bestimmten Köder, und der Köder, den ich anbiete, sind das Evangelium und eine tiefgreifende Bekehrung."
„Ich möchte Menschen ermutigen, herauszufinden, wer sie sind. Sie sollen nicht versuchen, sich einem oberflächlichen Muster anzupassen und so zu sein, wie sie denken, dass Christen sein sollten, sondern sie sollen herausfinden, wer sie wirklich sind."
Larry Norman

Why Should The Devil Have All The Good Music?

Rockmusik hören und Christsein – das war zur Zeit der Entstehung dieses Songs noch ein Widerspruch. Und genau das prangert Larry Norman im Liedtext an. Deshalb fragt er im Refrain: Warum sollte nur der Teufel die gute Musik haben? Schließlich fühle er sich jeden Tag gut, weil Jesus der Fels („rock") sei und seine Niedergeschlagenheit vertrieben habe („rolled away").
Larry ist hier ein Wortspiel mit dem Begriff „Rock'n'Roll" gelungen, das sich gar nicht direkt ins Deutsche übersetzen lässt. Der Name „Rock'n'Roll" kommt von „to rock and to roll", was so viel wie sich wiegen und kreisen oder schaukeln bedeutet und die Bewegungen beim Tanzen beschreibt. „Rock" kann aber auch Fels heißen. Die Doppelbedeutung nutzt Larry Norman: Jesus wird als Fels bezeichnet, während gleichzeitig zusammen mit dem Ausdruck „rolled" die Assoziation zum Rock'n'Roll entsteht. Man kann den Satz also auch so verstehen: Jesus ist der Rock (die Rockmusik) und macht mir gute Laune.
Zudem erinnern Fels und Wegrollen an die Auferstehung Jesu: Als die Frauen zum Grab kamen, war das Grab geöffnet und der Stein zur Seite gerollt. Die gute Laune kann ebenso von der Botschaft der Auferstehung Jesu herrühren. Hier stecken also Rockmusik und Frohe Botschaft in einem Satz.

MEDITATION

KARL KARDINAL LEHMANN

Christi Himmelfahrt: Einer, der erniedrigt wurde, wird nun erhöht

Was stellen wir uns vor beim Thema „Himmelfahrt"? Wir denken vielleicht zuerst an ein „Himmelfahrtskommando", also ein Unternehmen, bei dem Betroffene meist mit dem Verlust des Lebens rechnen müssen. Jemand wird gleichsam in die Luft geschleudert und in nichts aufgelöst. Einige Astronauten erzählen ironisch, sie hätten keinen Gott entdeckt auf ihrer Himmelsreise.

Die Erzählungen von der Himmelfahrt, die wir nur bei Lukas ausdrücklich finden, sind viel zurückhaltender und weisen in eine andere Richtung. Wir malen solche Erzählungen oft über Gebühr aus und tragen allerhand hinein, was in ihnen bei genauem Zusehen gar nicht zu finden ist. Denn das Wort „Himmelfahrt" kommt in den biblischen Versen gar nicht vor. Es geht stattdessen um das zentrale Geschehen, dass jemand, der erniedrigt war, aufgerichtet und erhöht wird. Wer in Schmach und Not darniederliegt, wird gerettet. Bei Jesus war dieser Abgrund die Ausweglosigkeit des Todes. Deshalb muss es nun die Auferweckung vom Tod zu neuem und ewigem Leben sein, die so etwas wie Rettung und Rechtfertigung dieses Lebens bedeuten. Die Auferstehung an Ostern wird als Erhöhung verstanden. Jesus wird aufgenommen in den Himmel. Das Neue Testament hat dafür viele Worte: Er wird auf- und emporgehoben, er wird erhöht, er sitzt zur Rechten des Vaters, das heißt, er wird in die Macht- und Herrschaftsstellung Gottes, des Vaters, eingesetzt. Damit beginnt das Gericht über diese Welt, das freilich erst bei Jesu endgültigem Kommen vollendet wird.

Was da in der Nähe von Bethanien geschieht, ist das Ende der Ostererscheinungen. Jetzt hat Jesus gleichsam den endgültigen Durchbruch zum Vater vollbracht. Er ist nicht mehr in der bisherigen Weise unter uns. Deshalb fallen die Jünger nun zum ersten Mal vor ihm nieder und beten ihn an als den Herrn der Welt.

IM PORTRÄT: KARL KARDINAL LEHMANN

Karl Lehmann kam 1936 in Sigmaringen zur Welt. Als neugeweihter Priester und Mitarbeiter des Theologen Karl Rahner nahm Lehmann am Zweiten Vatikanischen Konzil teil. Im Jahr 1983 berief Papst Johannes Paul II. den Theologieprofessor Lehmann zum Bischof von Mainz. Über 20 Jahre war er als Vorsitzender der Deutschen Bischofskonferenz eines der wichtigsten Gesichter der katholischen Kirche in Deutschland. Für seinen Humor und seine Menschlichkeit erhielt Kardinal Lehmann im Jahr 2005 den Orden „Wider den tierischen Ernst“.

Pfingsten – Der Geist ist der lebendige Atem Gottes

Wie kann man vom Geist reden, der unsichtbar ist, der weht, wo er will? Die Sprache des Glaubens zeigt es uns zunächst einmal in den ganz unterschiedlichen Sprachen der Welt. Aber viele sind sich darin einig: Der Geist hat etwas zu tun mit dem Hauch, mit dem Atem, mit dem Wind. Der Geist macht lebendig. Der Geist bringt Leben. Er bringt auch da Leben, wo vorher Trockenheit, Reglosigkeit und Wüste gewesen ist. Die Erfahrung, dass der Wind gerade in der Wüste zum Leben unbedingt dazugehört, freilich auch ausdörren kann, dass der Wind den ersehnten Regen bringt, steckt mitten in diesem Wort. Auch wir spüren ja nicht selten, dass der Wind uns Kühlung schenkt.

Aber das genügt noch nicht. Vielleicht ist das Wort vom Atem noch etwas näher an der Wirklichkeit des Geistes. Wir spüren, was es bedeutet, wenn ein Mensch, ein Lebewesen nicht mehr atmet, das Leben ihm entweicht. Dann wissen wir, dass wir Menschen von uns aus keine Macht mehr haben über Menschen, die leben, Menschen, die sterben, Lebewesen überhaupt. Die Kirchenväter und viele Mystiker haben keine Scheu zu sagen: Der Geist ist der lebendige Atem Gottes, von dem Leben kommt. Schon auf der ersten Seite der Heiligen Schrift lesen wir, dass Gottes Geist Leben geschaffen hat über dem Chaos, über den Wassern. Und wir spüren selbst, dass Gottes Geist uns immer wieder da ermutigt, uns da erneuert und immer wieder auch reinigt, wo wir müde oder träge sind, resigniert, verzweifelt, wo wir weder aus noch ein wissen; ein „Windstoß Gottes“ kommt dann, der uns mitnimmt, der uns ermutigt und der uns wieder für eine Strecke tüchtig macht. Das ist offenbar die Erfahrung, die dem Menschen nahe bringen kann, was dieser Geist Gottes in uns bewirkt.

Karl Kardinal Lehmann

FRÈRE ROGER,
NACH MICHAEL ALBUS

Vertrauen

Mein Herz sagt, dass unter all den Jugendlichen, die zu uns kommen, Fragen wie die nach dem mystischen Leben in Taizé und der Erfahrbarkeit des Geheimnisses Gottes auftauchen. Aber ich möchte vor allem festhalten, dass wir keine geistlichen Lehrmeister sein wollen, die andere mit ihrem Wissen überfahren.

Die Antwort liegt in einem Vertrauen – ja, es geht um das Vertrauen.

Wenn die jungen Menschen nach und nach das Vertrauen suchen und es entdecken, dann werden sie sehen, dass der unsichtbare Gott sich ohne Unterlass auf die Suche nach jedem Menschen macht, dass Gott uns sucht. Man kann nicht viel mehr darüber sagen. Oft erfahren wir schon Trost, wenn wir verstehen, dass Gott uns nicht gleichgültig gegenübersteht ...

Es geht um eine unsichtbare Wahrheit, denn Gott ist unsichtbar, eine Wahrheit, die man weitergeben kann. Vier Jahrhunderte nach dem Tod Christi lebte ein Glaubender mit dem Namen Augustinus, der heilige Augustinus, der wirklich intensiv gesucht hat und eine klare Antwort finden wollte – er hat wirklich gesucht! Eines Tages hat er die Worte geschrieben, die schon sehr lange bei mir an der Wand hängen:

„Es gibt eine Stimme des Herzens und eine Sprache des Herzens. Die innere Stimme ist unser Gebet. Auch wenn unsere Lippen geschlossen sind, bleibt unsere Seele offen für Gott."

Wir verstummen, wir schweigen, aber unser Herz spricht, nicht wie zu menschlichen Ohren, sondern zu Gott. Und Gott kann es hören. Darin liegt ein großes Geheimnis, dass Gott es verstehen kann. Nach und nach verstehen wir, dass Gott nur lieben kann. Wir verstehen es manchmal, aber nicht jeden Tag, dass Gott uns liebt, noch bevor wir ihn lieben ... Ich bete oft: „Heiliger Geist, gib, dass wir uns dir immer wieder zuwenden. So oft vergessen wir, dass du in uns wohnst und in uns betest, in uns liebst. Deine Gegenwart in uns ist Vertrauen und stete Vergebung."

FRÈRE ROGER

Roger Schutz-Marsauche, zeitlebens von allen nur „Frère Roger" (frz. „Frère" = Bruder) genannt, wurde 1915 als Sohn eines Schweizers und einer Französin geboren. Er studierte evangelische Theologie in Lausanne und Straßburg. Im Zweiten Weltkrieg und in den Nachkriegsjahren kümmerte er sich um Kriegswaisen. 1949 gründete er mit sieben Mitbrüdern die „Communauté de Taizé" (frz. „Communauté" = Kommunität) und setzte sich als deren Prior lebenslang für die Versöhnung zwischen den christlichen Konfessionen ein. Er wurde 2005 von einer psychisch kranken Frau ermordet.

www.taize.fr

Bruderschaft von Taizé

Einige nannten Taizé, den Pilgerort der Jugend, nahe bei Cluny in Burgund schon in den 1950er und 1960er Jahren das „Mekka der europäischen Jugend". Anfangs hatte sich der 1949 gegründete evangelische Männerorden unter der Leitung von Prior Frère Roger Schutz durch Landwirtschaft versorgt. Aber schon immer zog die Communauté junge Menschen an. Die Bruderschaft setzte Zeichen der Versöhnung unter den gespaltenen Christen und getrennten Völkern. Danach suchten viele nach den Erlebnissen des Weltkriegs einen Zusammenhalt über alles Trennende hinweg: weg von der ideologischen Verbohrtheit und geistlichen Leere!

Mit den Taizé-Liedern entwickelte die Bruderschaft einen Musikstil zur Beteiligung von vielen, sowohl in kleinen Gemeinschaften als auch in großen Kirchen: meist einstrophig, kurz, in einem schlichten Satz, Worte und Melodien, die leicht zu wiederholen waren, sodass schließlich alle sich beteiligten. Zweimal, 1955 und 1958, bekam die Bruderschaft für eine Aufnahme ihrer gesungenen Liturgie den Grand Prix de L'Academie Charles Cros.

In den 1960er Jahren pilgerten immer mehr Jugendliche nach Taizé. Die Brüder boten ihnen Gottesdienste, Meditationen, Gespräche, Seelsorge, Austausch über biblische und spirituelle Themen und Begegnungen in internationalen Gruppen. Einfache Unterkünfte und einfache Verpflegung gegen ein geringes Entgelt genügten. Die Ordensschwestern von St. André halfen. Bald schon wurde die romanische Dorfkirche zu klein. 1961 begann man mit dem Bau der Versöhnungskirche am Rande des Dorfes. Zum ersten organisierten Jugendtreff 1966 kamen 1400 Jugendliche aus 30 Ländern. Sie wurden zum „Pilgerweg des Vertrauens auf der Erde" aufgerufen. Für die sprunghaft wachsenden Jugendtreffs wurde das Dorf Taizé zu klein. Seit Ende der 60er Jahre wird jedes Jahr zu „Pilgeretappen" in Großstädten, möglichst abwechselnd in Ost und West, eingeladen. Bis zu 200.000 kommen jedesmal zusammen.

GEH AUS, MEIN HERZ, UND SUCHE FREUD

Geh aus, mein Herz, und suche Freud
in dieser lieben Sommerzeit
an deines Gottes Gaben;
Schau an der schönen Gärten Zier,
und siehe, wie sie mir und dir
sich ausgeschmücket haben.

Die Bäume stehen voller Laub,
das Erdreich decket seinen Staub
mit einem grünen Kleide;
Narzissus und die Tulipan,
die ziehen sich viel schöner an
als Salomonis Seide.

Die Lerche schwingt sich in die Luft,
das Täublein fliegt aus seiner Kluft
und macht sich in die Wälder;
die hochbegabte Nachtigall
ergötzt und füllt mit ihrem Schall
Berg, Hügel, Tal und Felder.

Paul Gerhard

Sommer

Wichtige Ereignisse der 1950er und 60er Jahre

Juni

3. Juni 1963
Papst Johannes XXIII. stirbt.

3. Juni 1956
Raffaels Sixtinische Madonna (um 1512/1513) ist nach ihrer Rückgabe aus der UdSSR wieder im Dresdener Zwinger zu sehen.

10. Juni 1969
Bund der evangelischen Kirchen in der DDR gegründet, darin zusammengeschlossene Bistümer nicht mehr in der EKD.

10. Juni 1969
Papst Paul VI. besucht als erster Papst den Ökumenischen Rat der Kirchen in Genf.

Juli

7. Juli 1954
Eröffnung des VI. Evangelischen Kirchentages in Leipzig mit Teilnahme von Politikern aus der BRD und der DDR.

31. Juli–7. August 1960
In München wird der 37. Eucharistische Weltkongress unter letztmaliger offizieller Teilnahme von Christen aus der DDR begangen.

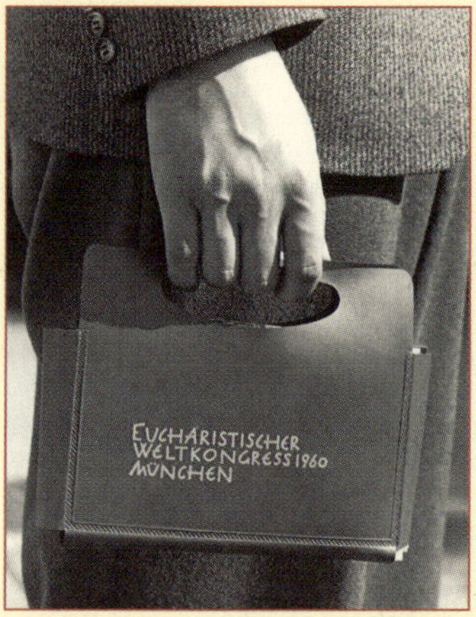

August

5. August 1965
deutscher Kinostart des Films „Die größte Geschichte aller Zeiten“

12. August 1951
Gründung der deutschen Missionsgemeinschaft, Verein für Wohltätigkeit e. V.

13. August 1954
deutsche Erstaufführung des Films „Quo vadis?“

27. Juni 1954
Der Baptistenpastor Billy Graham, bekannt für seine Auftritte im Fernsehen und auf Massenveranstaltungen, spricht im Olympiastadion in Berlin vor 80000 Menschen

30. Juni 1963
Paul VI. als letzter Papst mit der Tiara zum Papst gekrönt.

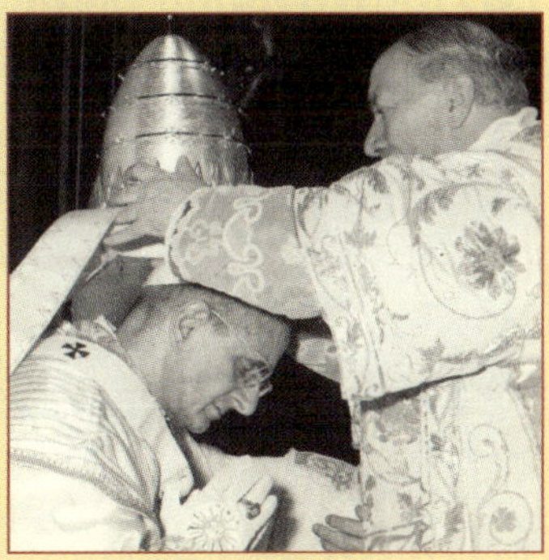

14. Juni 1966
Index verbotener Bücher der Katholischen Kirche abgeschafft.

19. Juni 1967
Papst Paul VI. ruft das „Jahr des Glaubens“ aus.

13.-17. August 1958
Zum letzten Mal wird der 78. Deutsche Katholikentag gemeinsam in Ost- und West-Berlin begangen.

13.-17. August 1958
Auf dem Katholikentag in Berlin werden erstmals Spirituals vorgestellt.

14. August 1953
Uraufführung des Films „Don Camillos Rückkehr“ in Deutschland.

19.-21. August 1958
Mit einer Rede auf der Vollversammlung der deutschen Bischöfe in Fulda initiiert Joseph Kardinal Frings die Gründung der Stiftung „Misereor“, die sich um Arme und Hungernde in der ganzen Welt kümmert.

MEDITATION

Tanzen – eine religiöse Urform

In vielen Religionen wird zur Ehre einer Gottheit getanzt, etwa um den Toten- oder Richtergott zu bewegen, die bösen Geister zu vertreiben und den Verstorbenen in sein Reich aufzunehmen. Tanzen kann Gebet, kann, auch im Ballett, Verkündigung sein. Die Annäherung und Vereinigung mit der Gottheit gelingt oft in der Ekstase. Tanzen kann eine Gefühlslage ausdrücken. Sie bedarf keiner Erklärung.

Auch die Bibel spricht von einem Tanz zur Ehre Gottes: „David tanzte mit ganzer Hingabe vor dem Herrn her und trug dabei das leinene Efod. So brachten David und das ganze Haus Israel die Lade des Herrn unter Jubelgeschrei und unter dem Klang des Widderhorns hinauf (zu ergänzen: zum Allerheiligste auf den Tempelberg). Als die Lade des Herrn in die Davidstadt kam, schaute Michal, Sauls Tochter, aus dem Fenster. „Und als sie sah, wie der König vor dem Herrn hüpfte und tanzte, verachtete sie ihn in ihrem Herzen."

Zu Ostern wurde im Mittelalter auf dem Bodenmosaik der Kathedrale von Chartres die Befreiung aus der Gefangenschaft des Todes getanzt. Der Bischof führte die Tanzenden an. – Der heilige Franz von Assisi wird oft dargestellt, wie er mit einem Stecken auf einem Ast fiedelt und dazu tanzt. Er soll – der Legende nach – tanzend in den Himmel gestiegen sein. Ähnlich dem hl. Franziskus findet man die hl. Theresa von Avila auf Bildern, wie sie mit einem Tamburin in der Hand tanzt. Auch mit der Flöte soll sie zum Tanz gespielt haben, wenn ihre Mitschwestern traurig waren.

MEDITATIVER TANZ

In der christlichen Tradition dienen meditative Übungen zur Sammlung des Geistes. Es gibt verschiedene Meditationstechniken: neben der passiven, bei der man still sitzt, auch die aktive, bei der körperliche Bewegung zum Ziel führt. Meditative Tänze sind oft ruhige oder beschwingte Kreistänze mit einfachen, leicht erlernbaren Bewegungsabläufen. Durch die Bewegung um eine Mitte soll man zur eigenen Mitte finden. Für Augustinus gehört der Tanz zu den „sieben freien Künsten". Im Psalm 30 heißt es: „Du hast mein Klagen in Tanz verwandelt, hast mir das Trauergewand ausgezogen und mich mit Freude umgürtet."

Augustinus

O Mensch, lerne tanzen! –

Ich lobe den Tanz,
denn er befreit den Menschen
von der Schwere der Dinge.
Er bindet den Einzelnen
an die Gemeinschaft.

Ich lobe den Tanz, der alles fordert und
fördert – Gesundheit und Klarheit im Geist
sowie eine beschwingte Seele.

Der Tanz fordert den bereiten
den schwingenden,
den ausgeglichenen Menschen,
den Menschen im Gleichgewicht
seiner Kräfte.
Daher lobe ich den Tanz.

O Mensch, lerne tanzen,
sonst wissen die Engel im Himmel
mit dir nichts anzufangen.

PAPST JOHANNES XXIII.

Die zehn Regeln der Gelassenheit

Heute, nur heute werde ich mich bemühen, den Tag zu leben, ohne die Probleme meines Lebens auf einmal lösen zu wollen.
Heute, nur heute werde ich auf ein zurückhaltendes Auftreten achten: Ich werde niemanden kritisieren, ich werde nicht danach streben, die anderen zu korrigieren oder zu verbessern – nur mich selbst.
Heute, nur heute werde ich in der Gewissheit glücklich sein, dass ich für das Glück geschaffen bin – nicht nur für die andere, sondern auch für diese Welt.
Heute, nur heute werde ich mich an die Umstände anpassen, ohne zu verlangen, dass die Umstände sich meinen Wünschen anpassen.
Heute, nur heute werde ich zehn Minuten meiner Zeit einer guten Lektüre widmen; wie die Nahrung für das leibliche Leben notwendig ist, so ist die gute Lektüre notwendig für das Leben der Seele.
Heute, nur heute werde ich eine gute Tat vollbringen, und ich werde es niemandem erzählen.
Heute, nur heute werde ich etwas tun, wozu ich eigentlich keine Lust habe; sollte ich es als eine Zumutung empfinden, werde ich dafür sorgen, dass niemand es merkt.
Heute, nur heute werde ich ein genaues Tagesprogramm aufstellen. Vielleicht halte ich mich nicht genau daran, aber ich werde es aufsetzen. Und ich werde mich vor zwei Übeln hüten: vor der Hetze und vor der Unentschlossenheit.
Heute, nur heute werde ich fest daran glauben – selbst wenn die Umstände mir das Gegenteil zeigen sollten –, dass die gütige Vorsehung Gottes sich um mich kümmert, als gäbe es sonst niemanden auf der Welt.
Heute, nur heute werde ich keine Angst haben. Ganz besonders werde ich keine Angst haben, mich an allem zu freuen, was schön ist, und an die Güte glauben.

PAPST JOHANNES XXIII.

Der bürgerliche Name des „Papa buono“ (der gute Papst) war Angelo Giuseppe Roncalli (1881-1963). Er folgte 1958 auf Papst Pius XII. als der 261. Papst, wenn man Petrus, den „Fels der Kirche“ (Mt 16,18), als den ersten zählt. Wegen seiner Bescheidenheit und seiner Volksnähe war er schon als „Patriarch von Venedig“ beliebt. In diplomatischen Beziehungen war er in vielen Ländern bis zum Libanon und Palästina unterwegs. Als er 1958 im 11. Wahlgang zum Papst gewählt wurde, bezeichneten ihn die Medien, auch wegen seines hohen Alters und seiner konservativen Haltung, als einen Übergangspapst. Das Kardinalskollegium habe sich mit seiner Wahl auf eine Kompromisslösung geeinigt. Umso mehr waren Weltöffentlichkeit und Kirche überrascht, als er im Januar 1959 die Einberufung des Zweiten Vatikanischen Konzils ankündigte. Im Oktober 1962 wurde es feierlich eröffnet.
Johannes XXIII. kommt das Verdienst zu, in der gefährlichen Kuba-Krise zwischen dem katholischen John F. Kennedy und Nikita Chruschtschow vermittelt zu haben. Im Ersten Weltkrieg musste er selbst als Leutnant an der Front gegen Österreich kämpfen, nun leitete er wiederholt Friedensinitiativen ein. Die Krönung dieses Dienstes an der Welt wurde seine Friedensenzyklika „Pacem in terris“ kurz vor seinem Heimgang 1963. Johannes Paul II. sprach ihn im September 2000 selig, Franziskus im April 2014 heilig. Sein Gedenktag ist der 11. Oktober, der Tag der Konzilseröffnung. Die lutherische Kirche Amerikas gedenkt seiner am 3. Juni, an seinem Todestag, dem Geburtstag zur Ewigkeit.

Unendliches Vertrauen

Aus deinen Worten entnehme ich, dass du gegen innere und äußere Schwierigkeiten anzukämpfen hast. Lass dich nicht betrüben: Keine zu hohe Selbsteinschätzung und Misstrauen sich selbst gegenüber, bereit sein, demütig die Schwäche, sobald man sie bemerkt, auf sich zu nehmen: Aber halte dich nie dabei auf, über dich nachzugrübeln: Ein Akt tiefer Demut hilft uns immer weiter. Und außerdem großes, unendliches, liebevolles Vertrauen auf den Herrn und dann unverzüglich die gute Arbeit wieder aufnehmen.

Papst Johannes XXIII. an seine Nichte Guiseppina (1957)

Christsein in der 1950ern

- Die Kirche war eine „Volkskirche". Über 90 Prozent der Deutschen waren Kirchenmitglieder. 50 Prozent der Katholiken gingen regelmäßig zur Beichte und zur Kommunion. Die christliche Kirche mit ihrer Frieden und Nächstenliebe stiftenden Botschaft hatte nach dem Krieg an Ansehen gewonnen.

- Das Netz der katholischen und evangelischen Pfarreien/Kirchengemeinden hatte Bestand. Die Trägerschaft der Kirchen, ihrer Orden, Organisationen, Gemeinden/Pfarreien in Pflege-, Betreuungs- und Erziehungseinrichtungen bewährte sich. Die Gemeinden sorgten für Jugend-, Frauen-, Alten-, Öffentlichkeits- und Sozialarbeit. Die Pfarrheime/Gemeindehäuser lagen zentral. Viele Pfarrer waren einfühlsame Seelsorger.

- Die meisten Kindergärten und Horte waren kirchlich-soziale und kirchengemeindliche. Trotzdem fehlte es noch an solchen Einrichtungen für die geburtenstarken Jahrgänge 1955 bis 1965, auch an Lehrern und Lehrerinnen. Frauen, die durch ihre Kindererziehung pädagogische Fähigkeiten bewiesen hatten, wurden nach einer Kurzausbildung in der Unterstufe der damaligen „Volksschulen" eingesetzt. Im Westen nannte man sie „Miekätzchen", nach dem damaligen Kulturminister Paul Miekat (1962–1966) von Nordrhein-Westfalen.

- In der DDR konnte sich die Kirche weniger entfalten. Die überwiegend evangelische Bevölkerung war schon vorher weniger kirchlich. Auch die Atheismus-Propaganda trug zur Entkirchlichung bei.

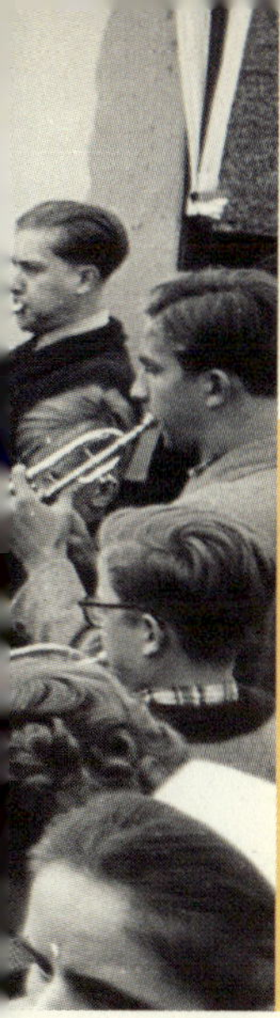

DAS KIRCHENTAGSMOTTO 1954

„Seid fröhlich in Hoffnung“ (Röm 12,12) war das Motto des letzten gesamtdeutschen Kirchentages. Ein Kontrapunkt zu der Verfolgungszeit junger Christen und engagierter Pastoren 1953 im Kalten Krieg. Nur noch in Berlin gab es die offene Grenze zwischen Ost und West. 60.000 Dauerteilnehmer und mehr als 500.000 Teilnehmer bei der Hauptveranstaltung ließen sich das Zusammengehen von Ost- und Westdeutschen nicht nehmen und blieben trotz Dauerregens „fröhlich in Hoffnung“.

Kirchentag in Leipzig 1954

Am 19. März 1953 entschied die DDR-Regierung, dass der 6. Deutsche Evangelische Kirchentag vom 7. bis 11. Juli 1954 in Leipzig stattfinden durfte. Diese Entscheidung hatte sie sich abgerungen, aber unter der Bedingung, „dass auf den Veranstaltungen nichts geschieht, was im Widerspruch zu der Friedenspolitik der DDR-Regierung steht“. Ein halbes Jahr nach dem Kirchentag in Leipzig, Ende 1954, wurde die „Einführung der Jugendweihe“ von der SED erstmals propagiert. Ein erneuter Schritt, geschickter, aber sicherer gegen die Volkskirche beider Konfessionen. Genau in die Lücke zwischen Verfolgungszeit und erneutem Vorgehen gegen die Kirche fiel die letzte Großveranstaltung der Kirche von ökumenischer und politischer Weite. Die SED-Regierung gab sich tolerant und weltoffen.

Der Präsident des Kirchentages Dr. Reinhold von Thadden-Trieglaff sagte zur Eröffnung: „Der Leipziger Kirchentag, der jetzt zusammentritt, ist als Gemeinde unter dem Evangelium versammelt und als nichts anderes.“ Er begrüßte 200 ökumenische Vertreter, auch aus allen Kontinenten. Politiker und Volksvertreter aus Ost- und Westdeutschland. Der stellvertretende DDR-Ministerpräsident Otto Nuschke und der Präsident der Volkskammer Johannes Dieckmann nahmen teil. Bei der Hauptveranstaltung auf der Rosentalwiese predigte der EKD-Ratsvorsitzende Bischof Otto Dibelius.

Die Deutschen Katholikentage im Wandel der Zeit

Bis 1914 hatten, abgesehen von dem Ortsbischof, keine Bischöfe am Katholikentag teilgenommen. Von 1933 bis 1947 gab es keine Katholikentage. Nach dem Krieg, von 1948 bis 1970, bei den 72. bis 83. Katholikentagen, stieg die Zahl der Teilnehmer. Das Nachholbedürfnis war groß, die Neuorientierung sehr gefragt. – „Zuerst das Reich Gottes" war das Thema des 74. Katholikentreffens 1950 in Passau. Wegen des Aufatmens nach dem Krieg standen die Pontifikalmessen, Gebete und Andachten im Mittelpunkt. Der Höhepunkt war die Prozession mit der schwarzen Muttergottes auf einem mit Blumen geschmückten Wagen von Altötting nach Passau. – Auch die folgenden Deutschen Katholikentage zeigten die wiedererstarkte Kirche durch eine starke Teilnahme der Bischöfe und des übrigen Klerus. 1952 fand das Treffen in Ostberlin statt. Das umkämpfte und gespaltene Berlin wurde bei dem Katholikentag durch die Umklammerung von Ost- und Westberlin im Gebet zu einer heiligen Stadt, wenn auch nur vorübergehend.

Stark religiös-kirchlich ausgerichtet war auch das Treffen 1954 in Fulda. In dem Marianischen Jahr wurde die Weihe an die Mutter Gottes gefeiert. Der Erzbischof von Köln Joseph Kardinal Frings betete vor dem Gnadenbild Mariens von Frauenberg. An dieser Großveranstaltung nahmen 100.000 Menschen teil. Vor den Altären der Fuldaer Kirchen wurde die ganze Nacht gebetet. Ein frommer Katholikentag wie die vorherigen, als ginge es um eine Rechristianisierung der Verweltlichten. „Ihr sollt meine Zeugen sein" lautete das Thema in Fulda.

Einen Höhepunkt erreichten diese betont kirchlichen Veranstaltungen auf dem Katholikentag 1956 in Köln. Hier präsentierte sich die Kirche mit 75 Bischöfen und 3 Kardinälen. Zur abschließenden Pontifikal-

DIE KATHOLIKENTAGE DER 1950ER / 1960ER

1950	Passau-Altötting	Motto: „Zuerst das Reich Gottes"
1952	Berlin	Motto: „Gott lebt"
1954	Fulda	Motto: „Ihr sollt mir Zeugen sein"
1956	Köln	Motto: „Die Kirche, das Zeichen Gottes unter den Völkern"
1958	Berlin	Motto: „Unsere Sorge der Mensch, unser Heil der Herr"
1962	Hannover	Motto: „Glauben, danken, dienen"
1964	Stuttgart	Motto: „Wandelt Euch durch ein neues Denken"
1966	Bamberg	Motto: „Auf Dein Wort hin"
1968	Essen	Motto: „Mitten in dieser Welt"

messe kamen 800.000 Gläubige. Verschiedenheiten und mögliche Unvereinbarkeiten von Gegensätzen wurden im gemeinsamen Gebet überbrückt. Der ganze katholische Teil Deutschlands betete zur selben Zeit dieselben Gebete, eine große Einheit im Glauben. Auch der Papst betete in derselben Stunde. Der in Köln hoch aufragende Dom inmitten eines immer noch weiten Trümmerfelds wurde als ein Symbol verstanden. Er zeigte die bleibende Bedeutung der Kirche inmitten der Trümmer einer ideologisch verkehrten Welt. Der Rhein wurde zum Schauplatz des liturgischen Höhepunkts: die eucharistische Rheinprozession.

Die Deutschen Evangelischen Kirchentage

Von 1948 bis 1970 fanden der 2. bis 14. Kirchentag statt. Weil diese Kirchentreffen sich wie die Katholikentage entwickelten, konnte man gelegentlich hören, sie imitierten sie. Es ging auch hier um eine Neubesinnung auf den Glauben und um eine Selbstdarstellung der Kirche. Neben den großen Bibelarbeiten standen Beichte und Abendmahl im Zentrum. Bei der Wende zur inneren Erstarkung wurden politische und soziale Zeitthemen weniger beachtet. Die Treffen waren ausgesprochen religiös, auch wenn in Essen, vergleichbar den Katholikentagen in Mainz und Bochum die Flüchtlingsfrage und die des Wiederaufbaus gestellt wurden.

Eine bedeutende Persönlichkeit der Kirchentage in den 50er Jahren war Reinold von Thadden-Trieglaff. Er formulierte 1955 den Sinn und Inhalt, die Grundordnung dieses Treffens, ähnlich dem Katholikentag, als eine Sammlung von Christen, sie im Glauben zu stärken, zu ihrer Verantwortung in der Kirche zu rüsten, zum Zeugnis gegenüber der Welt zu ermutigen und die weltweite Verbundenheit im Glauben zu wollen. Katholizismus und Protestantismus präsentierten sich angesichts der Zerrissenheit und Meinungsverschiedenheit, der Gegensätze und Kämpfe der säkularen Welt als eine Einheit. Die Kirchen besetzten Grenzsituationen. Die Katholiken- und Kirchentagsteilnehmer prägten mit ihren Symbolen, Musiken und Gesängen das Bild der Öffentlichkeit. Auch die Kirchentage entwickelten sich zu Massenveranstaltungen, in Essen 1950 schätzte man 25.000 Teilnehmer an den mehrtägigen Veranstaltungen in der Gruga, rund 180.000 bei der Schlusskundgebung im dortigen Stadion. Eine solche Zahl hatte der Protestantismus vorher noch nicht erreicht. Der Kirchentag entwickelte sich zu einer eigenständigen Organisation und Institution mit Sitz des Fördervereins in Fulda. – Am Kirchentag in Berlin 1951 nahmen 91.600 Dauerbesucher teil, 78.000 aus dem Osten, 13.000 aus dem Westen, der Rest aus dem Ausland. Zu der abschließenden Großveranstaltung im Olympiastadion kamen 300.000. – In Stuttgart 1952 waren es immerhin noch 31.000 Dauerteilnehmer und 200.000 im Rosensteinpark. Wegen des schwäbischen Pietismus trug der Stuttgarter Kirchentag volksmissionarische Züge. – Ein Höhepunkt war der Kirchentag in Leipzig 1954 mit 650.000 Besuchern bei dem Schlussgottesdienst, trotz starken Regens. Der Zusage an die DDR-Regierung folgend wurden politische und zeitnahe Themen ausgelassen. Die Abendmahlsfeiern waren stark besucht. – In Frankfurt 1956 wurden vermehrt Gottesdienste gefeiert. Von den Angeboten zur Beichte wurde starker Gebrauch gemacht.

Die protestantischen Großveranstaltungen ließen einen Unterschied zwischen den 50er und 60er Jahren erkennen. Von 1963 bis 1969 waren allein schon die Gesamtthemen mehr politisch, gesellschaftlich, sozialethisch – 1963: Mit Konflikten leben, 1965: In der Freiheit bestehen, 1967: Der Frieden ist unter uns, 1969: Hungern nach der Gerechtigkeit. Die Teilnehmerzahlen bei den Schlussgottesdiensten gingen allmählich zurück. Die Frage des Industriearbeiters war in der zweiten Hälfte des 19. Jahrhunderts nicht genügend erkannt und aufgearbeitet worden. Dieses Versäumnis und diese Schuld wollte man nun mit neuen Einsichten angehen. Mehrere Bände „Marxismusstudien" entstanden. An den kirchlichen Akademien wurden dieses und zeitnahe Themen behandelt.

DIE KIRCHENTAGE 1950–1969

1950	Essen	„Rettet den Menschen"
1951	Berlin	„Wir sind doch Brüder"
1952	Stuttgart	„Wählt das Leben"
1953	Hamburg	„Werft euer Vertrauen nicht weg"
1954	Leipzig	„Seid fröhlich in Hoffnung"
1956	Frankfurt a.M.	„Lasst euch versöhnen mit Gott"
1959	München	„Ihr sollt mein Volk sein"
1961	Berlin	„Ich bin bei euch"
1963	Dortmund	„Mit Konflikten leben"
1965	Köln	„In der Freiheit bestehen"
1967	Hannover	„Der Frieden ist unter uns"
1969	Stuttgart	„Hungern nach Gerechtigkeit"

Das Neue an den Katholiken- und Kirchentagen der 60er Jahre

In den 60er Jahren wuchsen die kirchlichen Großveranstaltungen über ihre tiefe Innerkirchlichkeit hinaus. Es war eine Zeit des Aufbruchs, der Neuorientierung, bis hin zu einer Wandlung. Die katholische Kirche stand unter dem Einfluss des Zweiten Vatikanischen Konzils. Johannes XXIII. hatte es am 11. Oktober 1962 eröffnet. Er hatte es unter dem Auftrag der pastoralen und ökumenischen Erneuerung (italienisch: aggiornamento) 1962 einberufen. Nach seinem Heimgang setzte Paul VI. das Konzil 1963 fort. Er plädierte für Offenheit und Gesprächsbereitschaft mit Anders- und Nicht-Gläubigen. Die Kirche beeindruckte, weil sie in ihrer Reformbereitschaft sich für eine weitgehende Demokratisierung und politische Verantwortungsbereitschaft öffnete. Auf dem Katholikentag 1964 in Stuttgart formulierten Studenten in einem eigenen Raum ihre Kirchen- und Religionskritik. Ein wachsender Veränderungsdruck wurde auch auf dem Essener Katholikentag in Forderungen spürbar.
Verstärkt wurde in beiden Großkirchen Dialog und Mitbestimmung gefordert. Der politische Auftrag der Kirche war nun ein Diskussionsthema. Viele meinten auf dem Katholikentag 1968 in Essen einen Reformstau feststellen zu müssen: Die Beschlüsse des Vatikanischen Konzils würden nicht konsequent genug umgesetzt. Der Widerstand richtete sich gegen Paul VI. und die Enzyklika „Humanae vitae“, der Weitergabe menschlichen Lebens, der Geburtenregelung, umgangssprachlich: „Die Pillenenzyklika“.

DAS „POLITISCHE NACHTGEBET“

Bei den Politischen Nachtgebeten ging es um Information, Diskussion und Aktion. Durch die Verbindung von Glauben mit aktuellen Themen aus Gesellschaft und Politik wollten sich viele Christen auch konkret engagieren. Die Themen reichten vom Vietnamkrieg (berühmt wurde das Motto „Vietnam ist Golgatha“) über die Gleichberechtigung der Frau, autoritäre Strukturen in der Kirche bis hin zur Entwicklungshilfe. Es gab Kritiker dieser Verknüpfung von Christentum und Politik, aber auch viele Anhänger.

Glaube und Politik

Parallel zu dem Programm des Katholikentags wurden erstmals alternative Veranstaltungen angeboten. Das „Politische Nachtgebet“ entstand. Die evangelische Theologin Dorothee Sölle wollte die Untrennbarkeit von Glaube und Politik in die Praxis umsetzen. Zur neuen politischen Liturgie gehörten Informationen über Politik, Aufruf zu Aktion und Diskussion mit der Gemeinde.
Parallel zu den Entwicklungen in den Katholikentagen wandelten sich die Kirchentage zu einem „Forum des Kirchentages“. Im Kern ging es wie bei den Katholikentagen um eine stärkere Mitbestimmung und Mitverantwortung, um Gleichberechtigung und Selbstbestimmung, vom Liturgischen bis zum Kirchenleitenden. Wie im Politischen und Gesellschaftlichen wurde eine Schwerpunktverlagerung im Subsidiaritätsprinzip in Richtung weniger vorgegebene Formen, Gesetze und Grundsätze, mehr Freiheit und Eigenständigkeit gefordert. Auf dem Kirchentag 1963 in Dortmund gab es vormittags „Aussprachegruppen“. „Gottesdienste in neuer Gestalt“ ermöglichten Dialog- oder Rundgespräche. Die Strategie-Kommission zum Stuttgarter Kirchentag 1969 hatte sich damit zu befassen, wie die vielen direkten Wortmeldungen in großen Hallen zu behandeln sind: Aufstellung von Mikrofonen, Umgang mit Provokationen und Verbalinjurien, Sicherung der „physischen Integrität“, Taktik der Moderatoren. Wie kann die kirchliche Prägung der Kirchentagsveranstaltungen erhalten bleiben, wenn die Polizei eingesetzt werden muss?

NORBERT BLÜM

Glück, Zeit und die Schnelligkeit

„Zeit ist Geld", und Geld vergeudet man nicht, also verschwendet man auch keine Zeit. Zeit muss genutzt werden. Je mehr, umso besser. Die beste Nutzung der Zeit ist Schnelligkeit. Je mehr Nutzung in weniger Sekunden, umso höher der Wirkungsgrad. Je größer die Strecke, die zu einer bestimmten Zeit überwunden wird, und je höher die Geschwindigkeit, umso mehr kannst du sehen … bis die Bilder so schnell wechseln, dass dein Auge nicht mehr alles aufnehmen kann.

Offenbar gibt es eine eingebaute Gegenbewegung gegen Geschwindigkeitserhöhung. Je schneller die Autos fahren, umso mehr Stillstand gibt es durch Stau. Das Auto fährt schneller als ein Ochsenkarren. Ein kluger Mann hat jedoch ausgerechnet, dass der Durchschnittsamerikaner durchschnittlich 1500 Stunden im Jahr mit seinem Auto verbringt. Dieser Durchschnittsamerikaner überwindet mit seinem Auto im Jahr durchschnittlich 7500 Meilen. Geschwindigkeit ist Strecke geteilt durch Zeit. 7500 Meilen geteilt durch 1500 Stunden ergibt eine Durchschnittsgeschwindigkeit von fünf Meilen. So schnell ist auch heutzutage noch ein afrikanischer Ochsenkarren.

Ich fahre auch lieber mit dem Auto als mit dem Ochsenkarren. Warum? Um Zeit zu gewinnen! Für was? Um andere Sachen noch schneller zu machen, um noch mehr Zeit zu sparen, bis ich so schnell bin, um gar keine Zeit mehr zu haben für die Frage, warum ich Zeit sparen will.

Oder: Für Wichtigeres! Was ist wichtig? Je mehr ich weiß, umso weniger weiß ich, was wichtig und was wichtiger ist. Kinder wissen oft besser, was wichtig ist, weil sie weniger wissen. Was wichtig ist, lernst du nicht mit Schnelligkeit. Vielleicht gehört viel Erfahrung dazu, wieder in den kindlichen Zustand vor der Erfahrung zu kommen, in dem noch unbefangene Fragen gestellt werden können.

Zeit ist ein Geschenk wie das Leben. Wir machen sie nicht, so wenig wie wir die Spanne unseres Lebens bestimmen. Doch schaffen wir uns eine eigene Lebenszeit, also Zeit, in der wir etwas „erleben".

Alles hat seine Zeit: die Arbeit, das Spiel, der Werktag und der Sonntag. Jedes menschliche Leben bedarf der „Aus-Zeiten". Also der Zeit, in der man die Zeit vergisst. Früher nannte man so etwas Muße. Ich rate, den Sonntag wieder zur Auszeit zu machen. Der Sonntag ist der Feiertag der Muße.

NORBERT BLÜM

Norbert Blüm wurde 1935 in Rüsselsheim geboren und katholisch getauft. Nach einer Lehre und anschließenden Tätigkeit als Werkzeugmacher nahm er ein Studium der Philosophie, Germanistik, Geschichte, Theologie und Soziologie auf. In einer Vorlesung bei Joseph Ratzinger, dem späteren Papst Benedikt XVI., lernte er seine Frau kennen. Blüms politische Laufbahn begann 1950 mit dem Eintritt in die CDU. Anschließend war er über 50 Jahre u.a. als Bundesminister für Arbeit politisch aktiv. Wegen seines Eintretens für die katholische Soziallehre wurde er von Gegnern auch als „Herz-Jesu-Marxist" bezeichnet. Blüm ist auch als Kabarettist und Autor tätig.

Feste

Feste reißen uns aus dem Alltag.
Immer Alltag wäre ein graues, eintöniges Leben.
Wir brauchen „Aus-Zeiten", also Zeiten,
in denen die Ernst-Zeit des Lebens stehen bleibt.
Tiere haben keine Feste.
Sie feiern nie.
Und Gott bedarf nicht des Festes.
Er feiert immer.
Nur Menschen feiern Feste.
Feste katapultieren uns aus der Gewöhnlichkeit.

Norbert Blüm

Gottes Liebe

Ich bin,
der ich bin von Gott –
und ohne Ihn ein Nichts.
Ich kann Gott
keine Rechnung vorlegen,
die er begleichen müsste.
Deshalb ist der Quellgrund aller Gerechtigkeit
die Liebe.

Norbert Blüm

Impuls: Wandern
Von Handwerksburschen und Wandervögeln

Nicht nur die Rock-, Beat- und Popsänger zogen viele Fans an, auch die herkömmlichen Wanderlieder fanden in den 1950er und 60er Jahren wieder Gefallen. Den Text „Mein Vater war ein Wandersmann" von Friedrich Sigismund aus dem Anfang des 19. Jahrhunderts belebte Friedrich-Wilhelm Möller Anfang der 1950er Jahre mit seiner Melodie wieder neu. Ein Beweis, dass Wanderlieder nach wie vor ihre Freunde hatten.

Auch die „Fischerchöre" sorgten für die Beliebtheit der Wanderlieder. Musikgruppen wie die „Comedian Harmonists" und die „King Singers" gaben ihnen mithilfe des Jazz neuen Glanz. Wanderlieder hatten keinen Grund zur Totenklage. Auch Jüngere kennen Wanderlieder auswendig. Können Ältere nicht mehr wandern, träumen sie mit den Liedern der „Mundorgel" und des „Poverello" in ihre Jugendzeit.

Viele Wanderlieder entstanden „auf der Walz". Auch bei der Arbeit, in der Familie des Meisters, an den Gesellenabenden und unterwegs wurde gesungen, Bauhandwerker wanderten drei Jahre und einen Tag. Die Handwerksburschen durften nicht näher als 50 Kilometer an ihren Heimatort herankommen und nicht lange bei einem Meister bleiben. Die Wanderjahre dienten der Fortbildung, auch der Selbstfindung. Fanden sie keine Arbeit, wanderten sie zum nächsten Ort. Die „Hamburger Zimmerleute" in ihrer Kluft sind bekannt.

WANDERJAHRE: AUF DER WALZ

So lautete die Handwerksordnung vom Spätmittelalter bis Anfang des 19. Jahrhunderts: Nach der abgeschlossenen Lehre wird der Lehrbub als Geselle freigesprochen. Als Voraussetzung für den späteren Meistertitel schließen sich drei Jahre (im Bauhandwerk: und ein Tag) auf Wanderschaft an. Nicht näher als 50 Kilometer im Umkreis um die eigene Heimat arbeitet der Handwerksbursche bei fremden Meistern. Er bleibt überall nur begrenzte Zeit. Über die Stationen seiner Wanderschaft führt er ein Wanderbuch." Bei fremden Meistern zu seinem handwerklichen Können dazuzulernen, war die Voraussetzung, um selbst den Meistertitel zu erwerben.

Friedrich Sigismund

Der fröhliche Wanderer

Mein Vater war ein Wandersmann
und mir steckt's auch im Blut.
D'rum wand'r' ich froh, so lang ich kann,
und schwenke meinen Hut.

Das Wandern schafft stets frische Lust,
erhält das Herz gesund.
Frei atmet draußen meine Brust,
froh singet stets mein Mund.

Warum singt dir das Vögelein
so freudevoll sein Lied?
Weil's nimmer hockt landaus landein,
durch and're Fluren zieht.

Danke für diesen guten Morgen

2. Danke für alle guten Freunde,
danke, o Herr, für jedermann.
Danke, wenn auch dem größten Feinde
ich verzeihen kann.

3. Danke für meine Arbeitsstelle,
danke für jedes kleine Glück.
Danke für alles Frohe, Helle
und für die Musik.

4. Danke für manche Traurigkeiten,
danke für jedes gute Wort.
Danke, dass deine Hand mich leiten
will an jedem Ort.

5. Danke, dass ich dein Wort verstehe,
danke, dass deinen Geist du gibst.
Danke, dass in der Fern und Nähe
du die Menschen liebst.

6. Danke, dein Heil kennt keine Schranken,
danke, ich halt' mich fest daran.
Danke, ach Herr, ich will dir danken,
dass ich danken kann.

Text und Melodie:
Martin Gotthard Schneider (1961) 1963
Gl 796, EG 334, © Gustav Bosse Verlag, Kassel

EIN GEISTLICHES LIED IN DEN CHARTS

Bei dem Wettbewerb für „Neue Geistliche Lieder" 1961 gewann der Jugendkantor Martin Gotthard Schneider mit dem Lied „Danke für diesen guten Morgen" den 1. Preis. Das Danke-Lied, gesungen vom Botho-Lucas-Chor, behauptete sich sechs Wochen lang in der deutschen Hitparade. Das kam selbst für den Autor Schneider überraschend. Er urteilte über seine Lieder: „Es sind neue Lieder geistlichen Inhalts, die eine zeitgemäße verständliche Sprache sprechen wollen (ohne der Verflachung des üblichen Schlagers zu verfallen). Es sind Werktagslieder, vielleicht ein neuer Typ des geistlichen Volksliedes." Gegen anfängliche Bedenken aber setzten sich volksnahe Lieder durch.

Neue Geistliche Lieder

Die verbindende Kraft gemeinschaftlichen Singens war nie so deutlich wie bei den Katholiken- und Kirchentagen zu spüren. Viele hatten sich durch die Lieder der Liederhefte den Glauben ins Herz gesungen. Texte von Dietrich Bonhoeffer: „Von guten Mächten wunderbar geborgen" (Melodie 1959: Otto Abel; 1970: nach Siegfried Fietz), von Jochen Klepper: „Die Nacht ist vorgedrungen, der Tag ist nicht mehr fern"; „Ja, ich will euch tragen bis zum Alter hin" und „Er weckt mich alle Morgen" (alle schon von 1938 verfasst), von Rudolf Alexander Schröder: „Wir glauben Gott im höchsten Thron" (1937) und „Abend ward, bald kommt die Nacht" (1942) hatten zum Teil schon Breitenwirkung bewiesen, bevor sie gedruckt erschienen. Der langjährige Redakteur der Pallotiner-Zeitschrift „Das Zeichen" Pater Heinz Perne veröffentlichte religiöse Chansons: „Ich nehm' die Gitarre zur Hand", „Franziskus", „Der Schöpfung Morgen", „Und Gottes Sonne geht auf" und „Schön ist das Leben". Auch Pater Diethard Zils OP, Stadtjugendpfarrer Lothar Zenetti und andere hatten viele mit ihren Liedern zur Kirche geholt.

1966 fand das erste große Jugendtreffen in Taizé statt. Die Taizé-Lieder gehören zu dem Genre der volkstümlichen Kirchen- beziehungsweise Gemeindelieder. Sie wurden in Jugend- und Schulgottesdiensten gesungen. Eine ökumenische Brücke. – Über 800 christliche Lieder und rund 1.000 Kanons verfasste Pfarrer Kurt Rommel. Nach dem Krieg hatte er Gottesdienste in einem Kino gehalten. Viele Gotteshäuser waren zerstört. Seine Lieder wie „Du hast uns, Herr, gerufen, und darum sind wir hier" (1967) waren missionarisch. Sie sprachen viele an. – Pater Johannes Leppich SJ wirkte nicht durch volkstümliche Kirchenlieder, sondern als Wanderprediger, besonders in den 1950er und 1960er Jahren.

Hilf, Herr meines Lebens

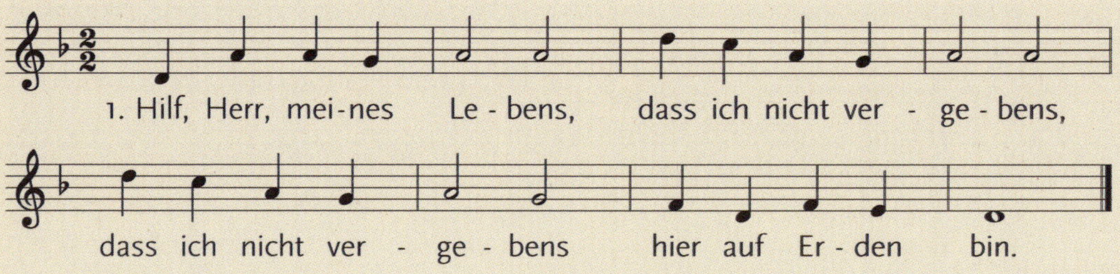

2. Hilf, Herr meiner Tage,
dass ich nicht zur Plage,
dass ich nicht zur Plage
meinem Nächsten bin.

3. Hilf, Herr meiner Stunden,
dass ich nicht gebunden,
dass ich nicht gebunden
an mich selber bin.

4. Hilf, Herr meiner Seele,
dass ich dort nicht fehle,
dass ich dort nicht fehle,
wo ich nötig bin.

5. Hilf, Herr meines Lebens,
dass ich nicht vergebens,
dass ich nicht vergebens
hier auf Erden bin.

T: Gustav Lohmann 1962; Str. 3. Markus Jenny 1970.
M.: Hans Puls 1962
GL 440; EG 419;

EIN LIED, DAS MENSCHEN VERBINDET

„Hilf, Herr meines Lebens, dass ich nicht vergebens hier auf Erden bin", heißt es in dem Lied von Gustav Lohmann. Doch was heißt, vergebens zu leben? Damit nicht das Leben bestimmter Menschen als „nutzlos" verurteilt wird, fügte der Schweizer Pfarrer Markus Jenny die dritte Strophe ein: Nicht an sich gebunden zu sein, heißt, sich nicht zum Maßstab aller Dinge zu machen. Denn niemand lebt aus Gottes Sicht vergebens. Und weil niemand Gott zur Plage wird, sollten auch die Menschen und Völker einander annehmen. Pfarrer Jenny arbeitete in der Arbeitsgemeinschaft für ökumenisches Liedgut, in der Kommission für das „Gotteslob" und des Schweizerischen römisch-katholischen Gesangbuchs.

Vergebens auf Erden?

Im Lukasevangelium (Lk 18,18–30) wird von einem reichen Jüngling erzählt, der alle Gebote gehalten hat. Aber als Jesus ihn auffordert, alles zu verkaufen, was er hat, und das Geld den Armen zu geben, geht er traurig weg. Gott liest das Herz. Jesus durchschaute den „reichen Jüngling". Er war zwar ein Asket und hielt die Gebote. Aber er hatte nicht den Reichtum, der Reichtum hatte ihn. – Wer so lebt, lebt trotz edler Bemühungen umsonst, er wird anderen zur Plage und seine Seele fehlt, wo sie wirklich nötig ist.

Marc Chagall (1887–1985), Die Hochzeit, 1911

MARTIN BUBER

Das Leuchten

Einige Chassidim kamen nach Lublin. Ehe sie zum Rabbi gingen, bat ihr Fuhrmann sie, sie möchten mit den anderen Zetteln auch einen mit seinem Namen überreichen, auf dass der Rabbi seiner zum Guten gedenke, und sie taten nach seinem Wunsch. Als der Lubliner den Zettel las, rief er: „Wie leuchtet der Name dieses Mannes!" Die Chassidim verwunderten sich: es sei ein einfältiger und unwissender Mensch, und sie hätten in all den Tagen keine sonderliche Tugend an ihm wahrgenommen. „Seine Seele", sagte der Rabbi, „strahlt mir in diesem Augenblick wie ein lauteres Licht entgegen."

Die Chassidim gingen alsbald, den Fuhrmann zu suchen, fanden ihn jedoch in der Herberge nicht. Sie gingen von Straße zu Straße; da kam ihnen ein fröhlicher Zug entgegen, Spielleute mit Zimbeln und Pauken voran, eine hüpfende und händeklatschende Schar hintendrein, und inmitten, alle anderen an Jubel und heller Lust überflügelnd, der Fuhrmann.

Auf ihre Frage erzählte er: „Als ihr fort wart, dachte ich: ich will mir auch etwas Freude suchen gehen. Da schlenderte ich so durch die Stadt, bis mir aus einem Haus Musik und Fröhlichkeit entgegenklangen. Ich trat ein und sah, es wurde die Hochzeit zweier Waisen gefeiert. Da feierte ich mit, trank und sang und freute mich. Aber nach einer Weile entstand ein Streit und eine Verwirrung, denn die Braut hatte das Geld nicht, um dem Bräutigam nach Sitte und Pflicht einen Tallit zu schenken. Und es war nahe daran, dass der Ehevertrag zerrissen wurde. Da wurde mir das Herz heiß, ich konnte die Beschämung des Mädchens nicht ertragen, zog meinen Beutel aus der Tasche, und siehe da, was darin war, reichte gerade hin, um den Tallit zu bezahlen. Darum ist mein Herz froh."

MARTIN BUBER

Martin Buber wurde am 8. Februar 1878 in Wien als Kind jüdischer Eltern geboren. Er studierte Philosophie, Germanistik, Kunstgeschichte und Psychologie. Früh schloss er sich der zionistischen Bewegung an, war jedoch stets um ein gutes Verhältnis zu den Arabern bemüht. Ab 1924 lehrte er in Frankfurt jüdische Religionsphilosophie. Er sah sich jedoch mit der Machtübernahme der Nationalsozialisten gezwungen, seine Professur niederzulegen, um einer Entlassung zuvorzukommen. 1938 emigrierte Buber nach Israel, wo er als Professor in Jerusalem wirkte. Bekanntheit erlangte seine zusammen mit Franz Rosenzweig (1886–1929) angefertigte Neuübersetzung des Alten Testaments ins Deutsche. 1953 erhielt er den Friedenspreis des deutschen Buchhandles. Zahlreiche Schulen ehren den Pädagogen Buber in ihrem Namen.

Du

Wo ich gehe – du!
Wo ich stehe – du!
Nur du, wieder du, immer du!
Du, du, du!
Ergeht's mir gut – du!
Wenn's weh mir tut – du!
Nur du, wieder du, immer du!
Du, du, du!
Himmel – du, Erde – du,
Oben – du, unten – du,
Wohin ich mich wende, an jedem Ende
Nur du, wieder du, immer du!
Du, du, du!

Dieses Gebet von Martin Buber lehnt sich an den Psalm 139 an. Hinter dem „Du" verbirgt sich der hebräische Gottesname JHWH. Im Hebräischen steht jeder Buchstabe gleichzeitig auch für eine Zahl. Der Zahlenwert des Gottesnamens, der treues Mitgehen, Dasein und Solidarität bedeutet, ist 26. In dem kurzen Gebet kommt das „Du" 26 mal vor. Somit wird Gottes Name in diesem Gebet auf wunderbare Weise ständig vergegenwärtigt.

Begegnungen mit Reisenden

Als es noch kein Netz von Jugendherbergen und „Wandererheimen“ gab, boten Klöster, auch Pfarrhäuser Schlafstätten für Scholaren, Pilger, Handwerksburschen und Wanderer an. Geräumige Pfarrhäuser hatten für solche Zwecke oft ein bis zwei Gastzimmer. „Vergesst die Gastfreundschaft nicht, denn durch sie haben einige, ohne es zu ahnen, Engel beherbergt.“ Menschen unterwegs waren oft willkommen.

In den 1950er, 60er und 70er Jahren waren noch viele Handwerksburschen „auf der Walz“. Wir erlebten in unserem Pastorat auf dem Land eines Samstagabends eine besondere „Heimsuchung“. Eine Hamburger „Zimmermännin“, also eine Zimmerin, in der bekannten Kluft mit einem breitkrempigen Hut bat um Übernachtung. Ihren Schäferhund hatte sie vorher schon hinter dem Haus festgemacht. Wir hatten es nicht gemerkt. Wir baten sie herein und wiesen ihr ein Gastzimmer zu. Sie wurde zu Tisch gebeten. Es wurde eine unterhaltsame Abendmahlzeit. Am nächsten Morgen wollte sie mit zur Kirche gehen. Zum Frühstück erschien sie in einem duftigen Sommerkleid. Von irgendwoher packte sie eine Trompete aus. Ohne Schwierigkeiten blies sie mit unserem Bläserkreis im Gottesdienst. Sie zeigte uns ihr Wanderbuch. Es war bald voll: „Nur noch drei Wochen, dann habe ich meine drei Jahre und einen Tag um. Und wenn ich nach Hause komme, gibt es ein Fest.“ Auf unsere Frage „Und dann?“, antwortete sie: „Dann heirate ich einen Zimmermann.“

Handwerksburschen und Handwerksgesellinnen gibt es, wenn auch in geringerer Zahl als früher. Doch ihre Lieder haben als Wanderlieder überlebt.

„NEHMT ABSCHIED, BRÜDER“

In englischsprachigen Ländern singen viele zum Jahreswechsel das Lied „Should auld acquaintance be forgot“ („Sollte alte Freundschaft vergessen sein“). Dabei wird derer gedacht, die in dem zu Ende gehenden Jahr verstorben sind. Die deutschen St. Georgs-Pfadfinder lernten es kennen, als sie kurz nach Kriegsende von Boy Scouts in ein Ferienlager nach Schottland eingeladen wurden und mit ihnen dort wanderten. Die Verbundenheit mit anderen Christen und das gemeinsame Bekenntnis „Wir ruhen all in Gottes Hand“ haben sie tief empfunden. 1951 wurde der Text im deutschen nachgedichtet. Seitdem singen Pfadfinder bei jeder Abschlussveranstaltung „Nehmt Abschied, Brüder“.

Robert Burns

Auld Lang Syne

Should auld acquaintance be forgot
and never brought to mind?
Should auld acquaintance be forgot,
and days of auld lang syne?
For auld lang syne, my dear,
for auld lang syne,
we'll take a cup o'kindness yet
for auld lang syne.

Sollte alte Freundschaft vergessen sein
und nicht mehr in Erinnerung gerufen?
Sollte alte Freundschaft vergessen sein
und die guten alten Zeiten?
Auf die guten alten Zeiten, Freunde,
auf die guten alten Zeiten.
Wir leeren den Becher der Freundschaft
auf die guten alten Zeiten.

Kirmes / Kirchweih – wie wir früher gefeiert haben

Das war das Fest, an dem selbst die Nazis nicht verbieten konnten, die Straßen mit Kirchenfahnen zu beflaggen. Irgendwo gab es eine Grenze für den Totalitarismus. Für die Kirmes, meist im Sommer, wurde vorher Hausputz gehalten, wurde gebacken, Schmackhaftes gekocht und gebraten, alles aufgeräumt, auf dem Land wurde der Hof, wurden alle Gebäude, der Garten und die Straße gesäubert, die Fachwerkhäuser wurden neu gekalkt. Man konnte sehen, bei welchen Familien die Einstellung zur Kirche ungebrochen war. Es war wie ein öffentliches Bekenntnis.

Kirmes beziehungsweise Kirchweih lebte erst recht nach dem Krieg wieder auf, vorzugsweise auf dem Land. Denn Kirmes war für jeden ein Fest, angefangen vom Festgottesdienst, vom Festschmaus im Familienkreis.

Man traf sich bei diesem Volksfest auf dem Kirmesplatz mit Karussell, Schiffschaukel, Auto-Scooter, Schießbude, Süßigkeiten- und Spielbuden, Eis- und Bierstand, bis hin zum türkischen Honig und dem „Hau den Lukas". Die Feststimmung hielt den ganzen Tag an. Man hatte Zeit füreinander. Die Kinder bekamen etwas Kirmesgeld.

Am Nachmittag gab es Kaffee und Kuchen. Verwandte aus den Nachbarorten, auch von weither kamen zu Besuch. Die nachbarlichen Verwandten aus den umliegenden Orten wurden zu deren Kirchweih besucht. Am Abend zogen alle zum Tanz in den Tanzsaal. Das war der Ausklang des Festes. Man hatte sich wieder mal gesehen und über vieles ausgetauscht. Das war besser als bei der nächsten Beerdigung. Unverändert ist die Kirmes geblieben.

JOHANNISTAG

Am 24. Juni, sechs Monate vor der Feier der Geburt Jesu, gedenkt die Kirche des angenommenen Geburtstags Johannes des Täufers. Er ist der einzige Heilige außer Maria, dessen Geburt liturgisch gedacht wird. Er ist der Vorläufer und Ankündiger Jesu. Ihm zu Ehren werden auf Bergkuppen und Bergkämmen Johannisfeuer entzündet. Brennende Sonnenräder werden den Hang hinuntergerollt. Junge Paare überspringen Hand in Hand das Johannisfeuer und versprechen sich fürs Leben.

Mittsommer

Je weiter man in den Norden kommt, umso länger werden zum Sommer hin die Tage und umso kürzer die Nächte. Die kürzeste dieser sogenannten „weißen Nächte“, die Sommersonnenwende, lädt zum Feiern ein. So war es in den skandinavischen und baltischen Ländern schon in vorchristlicher Zeit.

In Schweden ist das Mittsommerfest das bedeutendste Fest nach Weihnachten. Man feiert mit Nachbarn, Freunden und Familie. Auf einem freien Platz im Dorf oder in der Nachbarschaft wird die mit Blumengirlanden geschmückte Mittsommerstange aufgerichtet, auch „Majstang“ genannt, nach dem Verb „maja“, mit Blumen schmücken.

Die Frauen tragen lange Kleider, die Mädchen Blumenkränze im Haar, auch Trachten werden an diesem Tag getragen. Alte Volksweisen werden gefiedelt und dazu um die Mittsommerstange im Reigen, zum Teil mit Bändern, getanzt. Zu Mittsommer isst man traditionell die ersten Jungkartoffeln mit Hering, Sauerrahm und Käse. Dazu wird kräftig getrunken.

In Norwegen und Dänemark ist die Mittsommerstange nicht so verbreitet, aber in manchen Regionen wird auch ein größerer Baum als Mittsommerbaum geschmückt. Dafür werden hier – ähnlich den Johannisfeuern – große Feuer entfacht; es gibt Fackel- oder Laternenumzüge.

Christliche Pop-Musiker

Viele denken bei **Siegfried Fietz** (geb. 1946) an seine Melodie zu Bonhoeffers „Von guten Mächten wunderbar geborgen“ (EG 65). Seine ersten Auftritte hatte er bei den „Offenen Abenden Siegen“. Ab 1965 war er mit dem Fietz-Team in Deutschland unterwegs. Der Schulte-Verlag (heute: Gerth-Medien), Wetzlar, veröffentlichte die ersten Singles dieser Band. Hermann Schulte nahm den damals erst Zwanzigjährigen als Produzent in seinen Verlag auf. In dieser Eigenschaft veröffentlichte er Lieder auch von Manfred Siebald und eigene. Im Abakus-Verlag brachte er ebenso Lieder heraus. Tausende Lieder werden ihm inzwischen zugeschrieben. Zugleich ist er bekannt als bildender Künstler und Moderator beim Hessischen Rundfunk („Lieder zwischen Himmel und Erde“).

Manfred Siebald (geb. 1948) ist Professor für Amerikanistik an der Universität in Mainz. Bekannter, nämlich bis nach Südafrika und Amerika, ist er als christlicher Liedermacher. 18-Jährig wirkte er als Streicher im „Jugend-für-Christus-Chor“ mit. Mit den „Deutschland Singers“ ging er 1969 auf USA-Tour.

Als der Chor sich auflöste, bildete er mit Sängern dieses Chores die Gruppe „Christussänger“ und produzierte eine Single. Weitere Aufnahmen folgten mit dem Schulte-Verlag, Wetzlar, 1972 sein erstes Soloalbum „Da steh ich nun“. Produzent war damals im Schulte-Verlag Siegfried Fietz, auch bei dem nächsten Album 1974 „Ich gehe weiter“. Bis zu dem Solo-Album „Das ungedüngte Feld“, 1976, blieb Siebald bei der Pop-Musik. Die Alben bei Friedrich Hänssler brachten Lieder im Chanson-Stil.

Songs BEST OF

Siegfried Fietz
„Von Guten Mächten wunderbar geborgen“
„Manchmal brauchst du einen Engel“
„Gottes guter Segen sei mit euch“
„Lass dir an meiner Gnade genügen“
„Lass dich nicht vom Bösen überwinden“
„Spuren im Sand“
„Nach dem Dunkel kommt einer neuer Morgen“
„Durch Gottes Gnade bin ich, was ich bin“
“Ich wünsche dir Zeit“

Manfred Siebald
„Jesus, zu dir kann ich so kommen, wie ich bin“
„Gut, dass wir einander haben“
„Geh unter der Gnade“
„Ins Wasser fällt ein Stein“
„Es geht ohne Gott in die Dunkelheit“
„Jesus, zu dir kann ich so kommen, wie ich bin“
„Friede sei mit dir“

Christlicher Pop in Deutschland

Vor allem bei Großevangelisationen wie „Euro '70“ mit Billy Graham, die evangelikal geprägt waren, fanden christliche Pop-Musiker Anerkennung. Jugendchöre trugen in den 60er und 70er Jahren zu einer Jugendchor-Bewegung bei, zum Beispiel das Fietz-Team. Siegfried Fietz und Manfred Siebald als Songwriter, Komponisten, Arrangeure, Solisten, Siegfried Fietz darüber hinaus als Produzent.

VERKLÄRTER HERBST

Gewaltig endet so das Jahr
Mit goldnem Wein und Frucht der Gärten.
Rund schweigen Wälder wunderbar
Und sind des Einsamen Gefährten.

Da sagt der Landmann: Es ist gut.
Ihr Abendglocken lang und leise
Gebt noch zum Ende frohen Mut.
Ein Vogelzug grüßt auf der Reise.

Es ist der Liebe milde Zeit
Im Kahn den blauen Fluss hinunter
Wie schön sich Bild an Bildchen reiht
Das geht in Ruh und Schweigen unter.

Georg Trakl

Herbst

Wichtige Ereignisse der 1950er und 60er Jahre

September

4.-8. September 1968
82. Deutscher Katholikentag in Essen

8. September 1953
Pius XII. kündigt in der Enzyklika „Fulgens corona" für 1954 erstmals ein Marianisches Jahr an

14. September 1964
Eröffnung der dritten Sitzungsperiode des Zweiten Vatikanums

Oktober

4. Oktober 1965
Paul VI. redet als erster Papst vor den Vereinten Nationen, dabei Friedensappell im Mittelpunkt

7. Oktober 1950
Die aus Jugoslawien stammende albanische Mutter Teresa Boyaxhiu gründet in Bombay die Kongregation der „Missionaries of Charity (Missionarinnen der Nächstenliebe)".

1. Oktober 1965
„Ostdenkschrift" der EKD zum Verhältnis der Deutschen zu ihren östlichen Nachbarn erscheint und fordert Versöhnung

November

1. November 1963
Bischof Dr. Alfred Bengsch weiht den Hochaltar der nach dem Zweiten Weltkrieg wiederaufgebauten St. Hedwigskathedrale in Ost- Berlin.

1. November 1950
Pius XII. verkündet Dogma von der leiblichen Aufnahme Mariens in den Himmel

4. November 1954
Albert Schweitzer nimmt in Oslo den Friedensnobelpreis entgegen

29. September 1963
Papst Paul VI. († 1978) eröffnet die zweite Sitzungsperiode des Zweiten Vatikanums.

15. September 1951
Papst Pius XII. ermutigt mit Enzyklika „Ingruentium malorum“ zum Beten des Rosenkranzes

28. Oktober 1958
Angelo Guiseppe Roncalli zu Papst Johannes XIII. gewählt

11. Oktober 1954
Pius XII. führt den Gedenktag Maria, Königin des Himmels am 22. August ein, der seit 1969 jährlich begangen wird

11. Oktober 1962
Eröffnung des Zweiten Vatikanischen Konzils

30. Oktober 1950
Pius XII. erlebt in Vatikanischen Gärten erstmals Sonnenwunder

30. Oktober 1952
Uraufführung des Films „Don Camillo und Peppone“ in Deutschland

29. November 1965
Veröffentlichung der Versöhnungsbotschaft der Bischöfe Polens an die deutschen Bischöfe, welche die deutschen Bischöfe am 5. Dez. erwidern

Lebensrückschau – Lebensernte

Ältere sitzen oft scheinbar teilnahmslos und schauen vor sich hin. In Wirklichkeit erleben viele ihr Leben noch einmal wie in einem Film, der vor ihren geistigen Augen abrollt. Sie können ihn anhalten, wo Sie wollen, und zu einem Nebenfilm wechseln, der ihnen noch Genaueres aus einem bestimmten Lebensabschnitt zeigt.

Dazu einige Denkanstöße und Impulse:
- o Was sind Ihre frühesten Erinnerungen?
- o Was haben Sie bei Aufführungen im Kindergarten gespielt?
- o Welche frühkindliche Erinnerungen an ihre Eltern / Großeltern haben Sie?
- o Wie war Ihr erster Schultag? Beschreiben Sie Ihren Schulweg der ersten Jahre!
- o An welche Klassenkameraden, an welche Lehrer/innen erinnern Sie sich?
- o Beschreiben Sie Ihr Klassenzimmer! Was sahen Sie aus dem Fenster Ihrer Klasse?
- o Beschreiben Sie Ihre Kirche, die Fenster, den Altarraum, den Altar, die Kanzel!
- o Wie war Ihr Pfarrer, der Küster/Mesner, der Klang der Orgel, des Chores?
- o Welche Feiertage hatten Sie am liebsten? Wie verliefen diese Tage in Ihrer Familie?
- o Wo und wie haben Sie die Schulferien verbracht?
- o Was waren Ihre liebsten Spiele als Kind?
- o Wie wurde in Ihrer Kindheit der Geburtstag / der Namenstag begangen?

Eine besinnliche Rückschau bietet Gelegenheit, manches neu vor Gott zu betrachten.

TIPP: ERINNERUNGSALBUM

Ob für die Familie oder für sich selbst: Ein Erinnerungsalbum anzulegen, lohnt sich. Dazu braucht man keine vollständige oder ausführliche Biografie zu schreiben. Das Wichtigste aus jedem Lebensjahrzehnt zusammengefasst oder auch nur einige chronologisch geordnete „Erinnerungsschnipsel" reichen manchem schon aus. Wenn Sie das Erinnerungsalbum den Kindern oder Enkeln schenken, ist es schön, einige Fotos hineinzukleben.

Was hat zu Ihrer Lebenseinstellung beigetragen?

Antworten aus einem Gespräch im Freundeskreis:

- Manche, für die ich in jungen Jahren geschwärmt hatte, sah ich später im Abstand.
- Mir ging es umgekehrt: Die ich übersehen hatte, deren Wert erkannte ich später.
- Ich hatte mir vieles als Verdienst zugeschrieben, was ein Geschenk Gottes war.
- Mir ging es ähnlich: Bewahrungen hatte ich leichtfertig als „Zufälle" abgetan.
- Heute tut es mir leid, zu wem ich ungerecht war. Ich bemühe mich, gerecht zu sein.
- Nach Gott habe ich früher wenig gefragt. Er hat ein Leben lang nach mir gefragt.
- Die Kirche verstand ich so, dass Gott aufrichtet und einen Neuanfang schenkt.
- Ihm danke ich für vieles in meinem Leben. Das bewahrt mich vor Dummstolz.
- Immer wollte ich das erste und das letzte Wort haben. Heute übe ich Bescheidenheit.
- Der Ansturm von Worten und Bildern verdeckt, was Gott in Gebet und Bibellese sagt.
- Als Kommunionhelferin nehme ich mir, wo möglich, Zeit für Kranke, Alte, Einsame.
- Eine betende Kirche weiß, was Not tut, wo sie helfen muss, was sie zu sagen hat.

Willy Brandt

Schon jung wurde Willy Brandt, der mit bürgerlichen Namen eigentlich Herbert Frahm hieß, (1913–1992) Mitglied der „Roten Falken" und der „Sozialistischen Arbeiter Jugend" (SAJ). Mit Unterstützung von Julius Leber vertrat er den radikalen Kurs. Ab 1928 schrieb er über politische Themen. 1930 wurde er SPD-Mitglied, 1931 trat er der radikaleren Sozialistischen Arbeiterpartei Deutschlands (SAPD) bei. Im März 1933 ging er nach Oslo ins Exil und übernahm die Aufgabe, eine Zelle der SAPD aufzubauen. Er übernahm den „Kampfnamen" Willy Brandt. In norwegischer Uniform wurde er 1940 von der Wehrmacht gefangengenommen. Er wurde jedoch nicht enttarnt. Freigelassen floh er nach Stockholm.

1945 zurück in Deutschland berichtete er als Journalist für skandinavische Zeitungen. Wieder in die SPD aufgenommen, wurde er 1949 der Vertreter des SPD-Pateivorstandes in Berlin, 1957–1966 war er Regierender Bürgermeister von Berlin, 1966 Vizekanzler und Außenminister der Großen Koalition aus CDU/CSU und SPD. 1969 schafft er es, in Koalition mit der FDP erster SPD-Bundeskanzler zu werden. Der FDP-Vorsitzende Walter Scheel wurde Außenminister.

Einige Marksteine seiner Laufbahn: Das Wahlalter wurde von 21 auf 16 Jahren herabgesetzt. In den so genannten Ostverträgen anerkannte der Bundestag die Grenze zur DDR und die Oder-Neiße-Linie an. Bei der Unterzeichnung des „Warschauer Vertrages" am 7. Dezember 1970 kniete er vor dem Mahnmal des Aufstands im Warschauer Ghetto. Das Foto ging um die Welt. Ein Jahr später bekam er den Friedensnobelpreis. Am 6. Mai 1974 trat er zurück. Er stürzte über die Günter-Guillaume-Affäre. Sein Kanzlerberater war als DDR-Spion enttarnt worden.

DEMOKRATIE IST NIE BEQUEM

„Was heißt Demokratie als Lebensform? Doch nur dies: dem Menschen, gleichviel wer er sei und woher er käme, als Mensch zu begegnen."

Theodor Heuss in einer Rede in Heilbronn, 16. September 1950

„Wir wollen mehr Demokratie wagen."

„Auch wenn zwei Staaten in Deutschland existieren, sind sie doch füreinander nicht Ausland; ihre Beziehungen zueinander können nur von besonderer Art sein."

„Wir wollen ein Volk der guten Nachbarn sein und werden, im Innern und nach außen."

Willy Brandt in seiner ersten Regierungserklärung als Bundeskanzler, 28. Oktober 1969

Theodor Heuss

Theodor Heuss (1884–1963) war ein überzeugter Liberaler und Freund des evangelischen Theologen Friedrich Naumann. Als die FDP 1948 gegründet wurde, wählte man Heuss zum 1. Vorsitzenden. Von 1949 bis 1959 war er der erste Bundespräsident der Bundesrepublik, sein Porträt wurde auf die 2-Mark-Münze geprägt.

Schon in seiner Schulzeit hatte er sich dem „Nationalsozialen Verein" von Friedrich Naumann angeschlossen. Die von Naumann gegründete und herausgegebene Zeitschrift „Die Hilfe" übernahm Heuss als nachfolgender Herausgeber. 1924 wurde er Abgeordneter im Reichstag. Während der Herrschaft des Nationalsozialismus' hatte er Lehr- und Schreibverbot, schrieb aber unter einem Pseudonym. Wegen einer leichten Schulterverletzung wurde er weder im Ersten noch im Zweiten Weltkrieg eingezogen. Vom Militär hielt er ohnehin nicht viel. Heuss sorgte für das Ansehen Deutschlands in der Weltöffentlichkeit. Als Mitglied des Parlamentarischen Rates übte er großen Anteil auf die Formulierung des Grundgesetzes aus. Sein Amtssitz war die Villa Hammerschmidt. Er war bemüht, die Deutschen zu einem vorher kaum gekannten Demokratieverständnis anzuleiten. Er verstand sich als Hüter der Verfassung. Bundespräsidenten dürfen nur zweimal gewählt werden. Um Heuss als Bundespräsidenten zu behalten, wollten viele das Gesetz ändern. Er selber lehnte das ab.

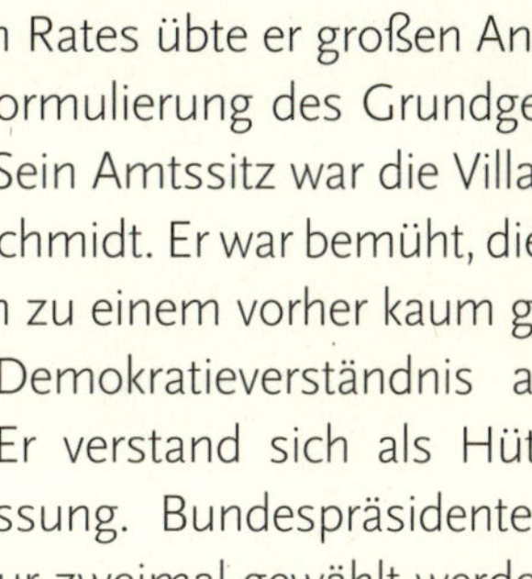

Das Zweite Vatikanische Konzil

Johannes XXIII. war eigentlich als ein „Papst des Übergangs“ gewählt worden. Aber schon bald nach seiner Einführung stieß er mit der Einberufung des Zweiten Vatikanischen Konzils (1962–1965) nachhaltige Veränderungen an, vor allem eine Neubesinnung der Kirche auf sich und ihren Auftrag an der Welt. Er stellte das Konzil unter das Leitwort „aggiornamento“. Mit „Anpassung“ wird es nicht ausreichend übersetzt.

Die Kirche wollte sich den Anforderungen der Zeit stellen, die Menschen erreichen, für sie bedeutsam sein, auf sie einwirken. Sie wollte sich damit dem Pluralismus, dem wissenschaftlich technischen Weltbild, der zunehmenden Verweltlichung, dem gewandelten Menschenbild, der Pluralität der Weltanschauungen und den Fragen an sich selbst stellen. Eine sehr weite Öffnung. Im Oktober 1962 wurde das Zweite Vatikanische Konzil eröffnet. Es bemühte sich, die Kirche der neuen Zeit anzupassen, ohne die christlichen Kernwahrheiten und ihren Auftrag an der Welt aufzugeben. Viele Fragen ergaben sich damit an die Liturgie, an die Priesterausbildung, an die Einheit der Christen, an das Verhältnis von Kirche und Judentum, an das interreligiöse Gespräch, an die Kommunikation. 2540 Konzilsmitglieder tagten in vier Sessionen von jeweils zwei bis drei Monaten. Auch Gäste aus anderen Kirchen, so der deutschen evangelischen, nahmen an den Beratungen teil.

Nach dem Heimgang von Johannes XXIII. am 3. Juni 1963 führte Papst Paul VI. das Konzil fort. Das Konzil machte Fortschritte. Wichtige Entscheidungen wurden getroffen. Zwischendurch reiste Paul VI. nach Jordanien und ins Heilige Land, ebenso nach New York, um vor der UNO-Vollversammlung zu sprechen. Ein bedeutendes Ereignis vor Schluss des Kon-

DER DIALOG MIT ALLEN MENSCHEN

Die Kirche wird (...) zum Zeichen jener Brüderlichkeit, die einen aufrichtigen Dialog ermöglicht und gedeihen lässt. Das aber verlangt von uns, dass wir vor allem in der Kirche selbst (...) gegenseitige Hochachtung, Ehrfurcht und Eintracht pflegen, um ein immer fruchtbareres Gespräch zwischen allen in Gang zu bringen, die das eine Volk Gottes bilden, Geistliche und Laien. Stärker ist, was die Gläubigen eint, als was sie trennt. Es gelte im Notwendigen Einheit, im Zweifel Freiheit, in allem die Liebe.
Aus dem Schlusswort von „Gaudium et spes"

zils war die gegenseitige Aufhebung der Exkommunikation zwischen Rom und Konstantinopel. Paul VI. in Rom und der ökumenische Patriarch von Konstantinopel Athenagoras I. verlasen zeitgleich das Dokument. Dem Glaubensschwund in der modernen Welt trat die Kirche mit erneuter Freude und Begeisterung in der Begegnung mit Christus entgegen. Die Kirche trat liberaler und fortschrittlicher aus dem Konzil hervor.

Prägende Persönlichkeiten der Kirche

Kurt Scharf
Seine Familie wohnte in West-Berlin. Seinen ersten Wohnsitz hatte Kurt Scharf (1902–1990) in Ost-Berlin, wenn auch nur mit einer Couch und einem Kleiderspind. Aber das war sein Amtssitz als Bischof von Berlin-Brandenburg und Ratsvorsitzender der Evangelischen Kirche Deutschlands (EKD). Doch als er Anfang September 1961 mit seinem Fahrer die Grenze passieren wollte, beschlagnahmten die Grenzposten seinen Passier-Schein und schickten ihn zurück in den „Frontstadt-Sumpf". Die DDR sei nicht gewillt, ihn länger als ihren Bürger zu ertragen. Damit scheiterte das Vorhaben der Evangelischen Kirche, sich über die DDR-Grenze hinweg als eine gemeinsame Kirche Ost- und Westdeutschlands zu verstehen. Sie wurde in einen Ost- und Westteil gespalten.
An Kurt Scharf, dem Nachfolger von Bischof Otto Dibelius, lag das nicht. Während der Herrschaft des Nationalsozialismus' musste er als Mitglied der Bekennenden Kirche in leitenden Funktionen jahrelang mit einem kirchenfeindlichen Staat umgehen. Er setzte sich weiterhin für Diffamierte und seelsorgerlich für Gefangene, wie 1974 für Ulrike Meinhof, ein. Seinen Einsatz hatte er auch in der „Aktion Sühnezeichen" bewiesen.

Josef Kardinal Frings
(1887–1978), Erzbischof von Köln (1942–1969). Er gründete die katholischen Hilfswerke „Misereor" und „Adveniat". Seine Amtszeit reichte von den letzten Jahren des Nationalsozialismus bis in die späten 60er Jahre, bis nach dem Vatikanischen Konzil. Er plädierte für Katholikenausschüsse auf Stadt- und Diözesanebene. Auf Bundesebene setzte er sich für das „Zentralkomitee der deutschen Katholiken" ein.

Hanns Lilje
(1899–1977), Mitglied der Bekennenden Kirche (Herausgeber der „Junge Kirche"), Generalsekretär des Lutherischen Weltkonvents (1935–1945), inhaftiert (1944–1945) wegen seelsorgerlicher Kontakte zu Beteiligten des 20. Juli 1944, Bischof der Landeskirche von Hannover (1947–1971), Abt des Klosters Loccum (1950–1971), Leitender Bischof der Vereinigten Evangelisch-Lutherischen Kirche Deutschlands (1955–1969).

Martin Niemöller
(1892–1984), verdienter Marineoffizier im Ersten Weltkrieg, im Kirchenkampf ein führender Vertreter der Bekennenden Kirche, Konzentrationslager Sachsenhausen

„Nach einem großen Papst Johannes Paul II. haben die Herren Kardinäle mich gewählt, einen einfachen und bescheidenen Arbeiter im Weinberg des Herrn."

Papst Benedikt XVI.

(1937–1945), wirkte am Stuttgarter Schuldbekenntnis der Evangelischen Kirche Deutschlands mit, Kirchenpräsident der Hessen-Nassauischen Kirche (1947–1965). Einer der sechs Präsidenten des Ökumenischen Rates der Kirchen (1961–1988).

Karl Josef Erich Rahner SJ
(1904–1984), Theologe der Nachkriegsjahre. Er hatte großen Einfluss auf das Zweite Vatikanische Konzil, an dessen Vorbereitung und Durchführung er als Sachverständiger beteiligt war. Er kritisierte Missstände in der Kirche und förderte das Gespräch auf internationaler Ebene.

Joseph Aloisius Ratzinger
(* 16.4.1927), Theologieprofessor erst in München, dann in Bonn (1959–1963), Münster (1963–1966), danach auf Empfehlung von Hans Küng in Tübingen (1967–1969). Während des Zweiten Vatikanischen Konzils war er Berater und Redenschreiber des Kölner Erzbischofs Kardinal Frings, der dem zehnköpfigen Konzilspräsidium angehörte. Wegen der Studentenproteste wechselte Ratzinger nach Regensburg. 1977 wurde er Erzbischof von München-Freising, ab 1981 Präfekt der Kongregation der Glaubenslehre und Dekan des Kardinalskollegiums. Vom 19. April 2005 bis zu seinem Amtsverzicht am 28. Februar 2013 war er als Benedikt XVI. Papst. Er war nach Hadrian VI. der erste deutsche Papst seit beinahe 500 Jahren.

Heinz Rühmann – ein langes Künstlerleben

Geboren wurde er 1902 in Essen. Nach der Scheidung der Ehe und nachdem sein Vater verstorben war, zog seine Mutter mit ihren drei Kindern nach München. Zum Gymnasium ging Heinz Rühmann ungern, er wollte Schauspieler werden. Erste Ausbildung in München, dann ein Engagement in Breslau. Die ihm zugewiesenen Heldenrollen passten nicht zu ihm: Er war klein von Wuchs und hatte ein jungenhaftes Gesicht. Er wechselte nach Hannover, auch hier hatte er wenig Erfolg. In Bremen brachte ihm die Hauptrolle in „Der Mustergatte", auch die Verfilmung dieses Stücks, Erfolg. Er wechselte nach München und wirkte in Stummfilmen mit. Erst abgelehnt, dann doch engagiert wurde er bei der UFA (Universum Film AG).

Sein Durchbruch kam mit dem Film „Die drei von der Tankstelle". Weitere Rollen folgten. Als ein guter Bekannter des Reichspropagandaministers Goebbels bekam er, obwohl mit einer Jüdin verheiratet, kein Berufsverbot. In den 1930er Jahren besetzte er tragische und tragisch-komische Rollen und arbeitete als Regisseur. In München spielte er unter der Regie von Fritz Kortner „Warten auf Godot". In Wien verkörperte er Willy Loman in „Tod eines Handlungsreisenden".

In seinen letzten Lebensjahren wechselte er zu Rezitationen. Seine Weihnachtslesungen im ZDF und in der St. Michaeliskirche in Hamburg waren nicht geschauspielert. Sie entsprachen seiner christlichen Überzeugung, zu der er durch sein langes Leben gefunden hatte. Ein Jahr nach seinem Tod wurde ihm postum die „Goldene Kamera" verliehen. Er wurde als einer der größten deutschen Schauspieler des Jahrhunderts gefeiert.

DIE BEKANNTESTEN FILME VON HEINZ RÜHMANN

„Die Drei von der Tankstelle“ (1930), „Quax, der Bruchpilot“ (1941), „Die Feuerzangenbowle“ (1944), „Wenn der Vater mit dem Sohne“ (1955), „Der Hauptmann von Köpenick“ (1956), „Charleys Tante“ (1956), „Der eiserne Gustav“ (1958), „Menschen im Hotel“ (1959), „Der brave Soldat Schwejk“ (1960), „Pater Brown – Das schwarze Schaf“ (1960), „Pater Brown – Er kann's nicht lassen“ (1962)

Heinz Rühmann als Pater Brown

Bereits 1934 und 1954 wurden Pater-Brown-Erzählungen von Gilbert Keith Chesterton verfilmt. 1960 übernahm Heinz Rühmann in „Das schwarze Schaf“ die Hauptrolle des Pater Brown, ebenso in der Fortsetzung 1962 „Er kann's nicht lassen“. Heinz Rühmann feierte mit dieser Rolle einen seiner größten Erfolge. Humor und ein verständnisvolles verschmitztes Lächeln waren ihm naturgegeben.

Von 1910 bis 1935 verfasste Chesterton 49 Pater-Brown-Erzählungen. Im Gegensatz zu Arthur Conan Doyles Sherlock Holmes wird Pater Brown nicht als genialer Denker und Methodiker dargestellt, sondern als Priester. Kriminalfälle sind für den Geistlichen keine gerichtlich zu verfolgende Straftaten, sondern Sünden vor Gott. Als Seelsorger handelt er im Auftrag Gottes. In gefährlichen Situationen fühlt er sich von seinem eigentlichen Auftraggeber beschützt. Er denkt und fühlt sich in den Straftäter hinein, begeht sozusagen die Straftat im Geiste selber. So gelangt er zu Erkenntnissen, die anderen verschlossen bleiben, geht den Spuren nach und stellt den Täter. Bekenntnis und Reue genügen ihm zur Vergebung ohne weitere Anklage. In den deutschen Verfilmungen ist diese „seelsorgerliche Detektivarbeit“ des Paters ein Hobby aus Neigung und Begabung, das er nicht lassen kann, das aber seinem Kirchenoberen immer wieder missfällt.

Christliche Monumentalfilme in den 1950ern

Monumentalfilme hatten in den fünfziger Jahren eine große Wirkung. Sie regten zum Glauben oder zumindest zum Nachdenken an. Der Film **„Quo vadis"** (1951) basierte auf dem Roman von Henryk Sienkiewicz: Der römische General Marcus Vinicius verliebt sich in die christliche Geisel Lygia. Theatralisch schilderte der Hollywood-Film den Brand Roms und die Christenverfolgung Kaiser Neros.

Ebenso monumental war der Film **„Die Zehn Gebote"** (1956). Er schilderte das Leben von Mose, besonders seine Zeit am Hof des Pharaos von Ägypten. In der Besetzung finden sich Charlton Heston als Mose und Yul Brynner als Pharao Ramses. Heston gelang mit diesem Film der Durchbruch in Hollywood. Gedreht wurde der Film an den Originalschauplätzen in Ägypten.

Der Spielfilm **„Ben Hur"** (1959) basierte auf dem gleichnamigen Roman von Lew Wallace (1880). Die eigentliche Handlung ist nicht in der Bibel zu finden; sie ist aber in die biblische Rahmenhandlung zwischen Geburt und Kreuzigung Jesu eingebettet. Es ist eine Rachegeschichte zwischen dem israelischen Prinzen Judah Ben Hur (Charlton Heston) und dem Römer Messala (Stephen Boyd), die ihre Kräfte in einem spektakulären Wagenrennen messen. Nach dem Tod Messalas will Ben Hur seine Mutter und Schwester, beide aussätzig, von Jesus heilen lassen, doch er kommt zu spät. Jesus ist bereits auf dem Weg zur Kreuzigung. Als Jesus am Kreuz stirbt, sind Ben Hurs Mutter und Schwester plötzlich geheilt; Ben Hur wird zum Christen. Der Film wurde mit elf Oscars ausgezeichnet.

INGMAR BERGMAN: SEINE FILME 1950–1969

Menschenjagd (1950), An die Freude (1950), Einen Sommer lang (1951), Sehnsucht der Frauen (1952), Die Zeit mit Monika (1953), Abend der Gaukler (1953), Lektion in Liebe (1954), Frauenträume (1955), Das Lächeln einer Sommernacht (1955), Das siebente Siegel (1957), Wilde Erdbeeren (1957), Nahe dem Leben (1958), Das Gesicht (1958), Die Jungfrauenquelle (1959), Das Teufelsauge (1960), Wie in einem Spiegel (1961), Licht im Winter (1962), Das Schweigen (1963), Ach, diese Frauen (1964), Persona (1966), Episode Daniel in Stimulantia (1967), Die Stunde des Wolfs (1968), Schande (1968), Der Ritus (1969), Passion (1969)

Ingmar Bergman, Pfarrerssohn und Regisseur

Ingmar Bergman wurde 1918 als Sohn des lutherischen Pastors Erik Bergman in Uppsala geboren und streng religiös erzogen. Ab Mitte der 1950er Jahre war er international erfolgreich und galt als Vorreiter der Kino-Avantgarde in Europa.

Immer wieder beschäftigt er sich in Filmen auch mit den Themen Glauben und Glaubenszweifel. Ein Meisterwerk ist der Film „Das siebente Siegel" (1956), das im Schweden des 14. Jahrhunderts spielt. Die Hauptfigur ist der Kreuzritter Antonius Blok. Als der Tod ihn persönlich holen will, bittet Blok um eine Galgenfrist. Bevor er stirbt, will er noch die Frage klären, ob Gott wirklich existiert.

In den Jahren 1961 bis 1963 drehte Ingmar Bergman seine „Glaubenstrilogie". Es sind drei Filme, die sich mit Glauben, Glaubenszweifel und Glaubensverlust auseinandersetzen. Sie gehören zu seinen wichtigsten Filmen überhaupt: „Wie in einem Spiegel", „Licht im Winter" und „Das Schweigen".

Stars der Gospelmusik

Mahalia Jackson

In den fünfziger Jahren wurde die farbige Sängerin Mahalia Jackson (1911–1972) aus New Orleans, Louisiana, erst in den USA, bald auch in Europa berühmt. Die Nachfrage nach ihren Singles hielt auch Ende der 50er Jahre und Anfang der 60er Jahre an. Sie durfte 1960 zum Amtsantritt von John F. Kennedy singen, ebenso als der Baptistenpfarrer Martin Luther King seinen „March on Washington for Jobs and Freedom" antrat. Sie sang auch zu Martin Luther King's Begräbnis. Sie war eine Zeugin ihres christlichen Glaubens. In einer Baptisten-Gemeinde von New Orleans sang sie als junge Frau, und dieser Gemeinde blieb sie ein Leben lang treu, auch nachdem sie ihren Wohnsitz nach Chicago verlegt hatte. Einige Aufnahmen machte sie mit der Band von Duke Ellington.

Aretha Franklin

Auch aus einer Baptistenkirche Amerikas kam Aretha Louise Franklin, geboren 1942 in Memphis, Tennessee, aufgewachsen in Detroit. Im Gemeindechor ihres Vaters sangen sie und ihre Schwestern. Bekannte Sänger und Musiker, auch Mahalia Jackson, besuchten ihre Gottesdienste. Ihr Vater ließ sie schon früh Klavierspielen und Singen lernen. Aretha Franklin wurde die berühmteste Soul-Sängerin ihrer Zeit. Die Musikzeitschrift „Rolling Stone" setzte sie 2008 an die erste Stelle der hundert wichtigsten Sänger aller Zeiten. Schon mit 19 Jahren brachte sie ihre erste Single mit Gospelsongs heraus. Sie wechselte zur Popmusik. Ende der 60er Jahre schaffte sie den Durchbruch. Berühmt wurde sie mit dem Lied „Respect". Eine „Hymne der Afroamerikaner" wurde es genannt. Sie sang 2009 zur Amtseinführung von US-Präsident Barack Obama.

Mary Johnson Davis

Die Musikerin aus Pittsburgh, Pennsylvania, wurde zum Vorbild für eine Generation bekannter Sängerinnen und Sänger, darunter auch Mahalia Jackson. Mary Johnson Davis (1899–1982) war eine der wenigen Sopran-Solistinnen in dem „Golden Age of Gospel". Mary führte die Gruppe der „Mary Johnson Davis Singers" (kurz: „Davis Sisters", gelegentlich gelobt als die „Prominent Philadelphia Gospel Women"). Bekannt wurde diese Gruppe 1950 mit dem Lied „Our God is Able". Mit den „Davis Sisters" vertrat Mary Johnson Davis Anfang der 50er die Richtung „Hard Gospel". Diese Richtung unterschied sich von dem gängigen Gesangsstil in Baptisten-Kirchen. Der Baptisten-Stil legte Wert auf wohlklingende Töne, auf das genaue Einhalten des Rhythmus und auf nur gelegentliche Ausschmückung des Gesangs mit besonderen Einlagen. Die „Hard Gospel"-Richtung war dramatischer, lauter, ausschweifender, mit spontanen Wiederholungen und Einlagen („O Lord", „Don't You Know", „Listen to Me"), mehr emphatisch bis hin zur Ekstase. Mary Johnson Davis brachte die Baptist Gemeinden dazu, dass sie zu dem Rhythmus ihrer Lieder (z.B. „I Need Thee Every Hour", „Walk in the Light") mit den Füßen stampften oder in die Hände klatschten.

In den 60er Jahren reiste sie durch Philadelphia und bildete junge Gospelsänger-Gruppen aus. Sie selbst sang in Kirchen bis kurz vor ihrem Tod.

Populäre Gospel

„Amazing Grace" von John Newton, Kapitän eines Sklavenschiffes, bekehrte sich und wandelte seine Einstellung und sein Verhalten zu Sklaven, nachdem er in schwerer Seenot Gott um sein Erbarmen angerufen hatte und gerettet worden war (1748). Nach einigen Jahren ließ er sich zum Geistlichen ausbilden und trat für die Befreiung der Sklaven ein. Mit der Melodie von 1831 wurde das Lied unter anderen von Mahalia Jackson und Elvis Presley interpretiert. Ab 1960 wurde es auch in England populär, ab 1972 durch die Militärkapelle der Royal Scots Dragoon Guards.

„O Happy Day", dieser Song, 1969 von den Edwin Hawkins-Singers aufgenommen, machte die Gospel-Songs einem breiteren Publikum bekannt. Der Chor, bestehend aus 46 Jugendlichen, hatte sich 1968 gegründet und brauchte Geld, um zum jährlichen Jugend-Kirchenkongress in Washington D.C. zu fahren. Darum veröffentlichte er einige seiner Lieder, unter anderem „O Happy Day". So begann die Geschichte einer Erfolgsserie durch die verschiedenen Radiostationen und Musikverlage. Dieses Lied wurde zu einem zeitlosen Hit.

„Swing Low, Sweet Chariot", ein afroamerikanisches Spiritual. Es wird dem ehemaligen Sklaven Wallis Willis (1860) zugeschrieben. Bei dem „Red River" soll der Autor an den Jordan gedacht haben, über den der Prophet Elia in einem feurigen Wagen zum Himmel entrückt wurde. Der Text erzählt die Freuden, die im Himmel zu erwarten sein werden. Die Sklaven der ersten Dekaden des 19. Jahrhunderts trösteten sich mit diesem Lied: Die hier leiden müssen, werden in dem himmlischen Zuhause erlöst Gott loben und preisen.

„Nobody Knows the Trouble I've Seen"
Dieses Spiritual mit seiner getragenen Melodie klagt über die Leiden der Sklaven. Möglicherweise stammt es aus der Mitte des 19. Jahrhunderts. Bekannt wurde es unter anderem durch Mahalia Jackson. Sie trug es 1957 auf dem Newport Jazz Festival vor. Viele, auch viele Gospel-Gruppen, haben diese wehmütige Klage interpretiert, Louis Armstrong tat es bereits 1936. Ein unsterblicher Song.

„Go Tell it on the Mountain", ein afroamerikanisches Spiritual. Es bezieht sich auf die Verkündigung an die Hirten auf dem Feld bei Betlehem: Geh und sag es vom Berg, dass Christus geboren ist. Viele Künstler haben dieses Spiritual interpretiert. 1964 wurde es neu auch von Frank Sinatra im Duett mit Bing Crosby dargeboten. In der deutschen Fassung „Komm, sag es allen weiter, ruf es in jedes Land hinein" steht es im Evangelischen Gesangbuch (Nr. 225).

„Go down Moses", dieses afroamerikanische Spiritual ist auch bekannt als „When Israel Was In Egypt's Land" und „Let My People Go". Das Lied erklang schon gegen Ende des 19. Jahrhunderts (Jubilee Singers, 1872). Die oft wiederholte Aufforderung des Volksführers Mose an Pharao „Let my people go" (Lass mein Volk gehn) drückte das Verlangen der Farbigen nach Freiheit, nach gleichen Rechten und Chancen aus.

Christliche Dichter der 50er und 60 Jahre

Rudolf Otto Wiemer

Viele kennen die Gedichte, Erzählungen und Kinderbücher von Rudolf Otto Wiemer (1905–1998). Der gebürtige Thüringer war die meiste Zeit seines Berufslebens Lehrer, zunächst in Thüringen, später in Niedersachsen – auch als er schon Bücher und Theaterstücke veröffentlichte. Er war zeitweise auch als Organist tätig und heiratete mit Ende zwanzig eine Musikpädagogin. Wiemer war ein überaus kreativer Mensch. Er gründete sein eigenes Puppentheater, den „Liebenburger Kasper" und war selbst ein begnadeter Puppenspieler. Bekannt wurde vor allem die Figur des „Jochen Holtschuh".

In seinen Werken spürt man seinen christlichen Glauben; viele sind sogar biblisch inspiriert. So tragen seine Stücke beispielsweise Titel wie „Der Stern der Weisen", „Wir wandern zur Krippe", „Lazarus kommt wieder", „Der Baum des Zachäus" oder „Jona im Fisch". Sein wahrscheinlich bekanntestes Gedicht „Es müssen nicht Männer mit Flügeln sein", in dem es um Engel im Alltag geht, die auch oft ganz flügellos daherkommen, wurde mehrfach vertont.

Gedichtbände von R. O. Wiemer

Das kleine Rasenstück (1959)
Seht den Stern (1959)
Ernstfall (1963)
zweimal dreizehn zinken (1968 unter dem Pseudonym Frank Hauser veröffentlicht)

Albrecht Goes

Albrecht Goes (1908–2000) kennen die meisten als Schriftsteller. Er war gleichzeitig aber auch Theologe und – wie schon sein Vater – evangelischer Pfarrer. 1930

RUDOLF ALEXANDER SCHRÖDER

Rudolf Alexander Schröder (1878–1962) war Architekt, bevor er mit sich mit Mitte Fünfzig ganz der Schriftstellerei widmete. Er verfasste Essays und Gedichte, übersetzte außerdem flämische Lyrik. Seine Religiosität beeinflusste seine Gedichte mit den Jahren immer stärker. Er dichtete Kirchenlieder, die ins Evangelische Gesangbuch und ins Gotteslob aufgenommen wurden, so etwa „Wir glauben Gott im höchsten Thron" (EG 184, GL 355) und „Abend ward, bald kommt die Nacht (EG 487). Ab 1952 erschien eine 8-bändige Ausgabe seiner „Gesammelten Werke".

wurde er zum Pfarrer ordiniert, war im Zweiten Weltkrieg als Militärgeistlicher im Lazarett und in Gefängnissen tätig. Nach dem Krieg nahm er den Pfarrdienst wieder auf, quittierte ihn zwar 1953, um ganz als Schriftsteller arbeiten zu können. Trotzdem predigte er weiter regelmäßig zweimal im Monat. Schon ab den dreißiger Jahren veröffentlichte er Gedichtbände, später auch Erzählungen und Romane. Einige seiner Werke wurden verfilmt oder als Chorsätze vertont. Einem größeren Publikum wurde Albrecht Goes als Sprecher der Sendung „Wort zum Sonntag" bekannt. Richard von Weizsäcker sagte einmal über ihn: „Ein Dichter, der so fein hören kann, bei dem ist es kein Wunder, dass er das Seine zu sagen versteht."

ALBERT SCHWEITZER

Ehrfurcht vor dem Leben

Einen tiefen Eindruck machte mir ein Erlebnis aus meinem siebenten oder achten Jahre. Heinrich Bräsch und ich hatten uns Schleudern aus Gummischnüren gemacht, mit denen man kleine Steine schleuderte. Es war im Frühjahr, in der Passionszeit. An einem Sonntagmorgen sagte er zu mir: „Komm, jetzt gehen wir in den Rebberg und schießen Vögel." Dieser Vorschlag war mir schrecklich, aber ich wagte nicht zu widersprechen, aus Angst, er könnte mich auslachen. So kamen wir in die Nähe eines kahlen Baumes, auf dem die Vögel, ohne sich vor uns zu fürchten, lieblich in den Morgen hinaussangen. Sich wie ein jagender Indianer duckend, legte mein Begleiter einen Kiesel in das Leder seiner Schleuder und spannte dieselbe. Seinem gebieterischen Blick gehorchend, tat ich unter furchtbaren Gewissensbissen dasselbe, mir fest gelobend, danebenzuschießen. In demselben Augenblicke fingen die Kirchenglocken an, in den Sonnenschein und in den Gesang der Vögel hineinzuläuten. Es war das „Zeichen-Läuten", das dem Hauptläuten eine halbe Stunde voranging. Für mich war es eine Stimme aus dem Himmel. Ich tat die Schleuder weg, scheuchte die Vögel auf, dass sie wegflogen und vor der Schleuder meines Begleiters sicher waren, und floh nach Hause. Und immer wieder, wenn die Glocken der Passionszeit in Sonnenschein und kahle Bäume hinausklingen, denke ich ergriffen und dankbar daran, wie sie mir damals das Gebot „Du sollst nicht töten" ins Herz geläutet haben.

Von jenem Tage an habe ich gewagt, mich von der Menschenfurcht zu befreien. Wo meine innerste Überzeugung mit im Spiele war, gab ich jetzt auf die Meinung anderer weniger als vorher. Die Scheu vor dem Ausgelachtwerden durch die Kameraden suchte ich zu verlernen.

Die Art, wie das Gebot, dass wir nicht töten und quälen sollen, an mir arbeitete, ist das größte Erlebnis meiner Kindheit und Jugend. Neben ihm verblassen alle anderen.

IM PORTRÄT: ALBERT SCHWEITZER

Albert Schweitzer kam 1875 in Kaysersberg im Elsass zur Welt. In Straßburg studierte er Theologie und Philosophie und in Paris Orgel. Er promovierte, wurde Theologie-Dozent und Vikar und gab Konzerte. Eine glänzende Karriere als Theologe und Organist schien vor ihm zu liegen. Doch Albert Schweitzer wollte Menschen helfen. Er studierte Medizin und begann in Lambarene im heutigen Gabun mit dem Aufbau eines Hospitals, das vielen Einheimischen erstmals eine ärztliche Versorgung ermöglichte. Rund 470 Patienten konnten stationär aufgenommen werden, bis zu 200 wurden jeden Tag ambulant behandelt. Schweitzers Erfahrungen in Afrika beeinflussten wesentlich seine Lehre von der „Ehrfurcht vor dem Leben“. Er starb am 4. September 1965 in Lambarene. Heute leitet eine internationale Stiftung das Hospital, in dem nun vor allem einheimische Ärzte arbeiten.

Ehrfurcht vor dem Leben

Alle materiellen
und geistigen Werte
sind Werte insofern,
als sie der höchsten Erhaltung
und Förderung von Leben dienen.

Durch die Ehrfurcht vor dem Leben
gibt der Mensch
seinem Dasein einen Wert,
welches auch die Schicksale seien,
durch die es bestimmt wird
und in denen es sich zu behaupten hat.

Die erste Bewusstseinstat
des Willens zum Leben
ist Ehrfurcht vor dem sich in dem Leben
offenbarenden Leben.

Durch die Ehrfurcht vor dem Leben
werden wir
auf eine elementare,
tiefe und lebendige Weise
fromm.

Albert Schweitzer

Lösungen zum Liederrätsel auf Seite 39

1. **Jetzt fängt das schöne Frühjahr an**
   und alles fängt zu blühen an
   auf grüner Heid und überall.

2. **Es tönen die Lieder, der Frühling kehrt wieder,**
   es spielet der Hirte auf seiner Schalmei.

3. **Ich reise übers grüne Land,**
   der Winter ist vergangen.
   Hab um den Hals ein gülden Band,
   daran die Laute hangen.

4. **Alles neu macht der Mai,**
   macht die Seele frisch und frei.
   Lasst das Haus, kommt heraus,
   windet einen Strauß!

5. **Nun will der Lenz uns grüßen**
   von Mittag weht es lau;
   aus allen Ecken sprießen die Blumen rot und blau.

6. **Grüß Gott, du schöner Maien,**
   da bist du wiedrum hier.
   Tust Jung und Alt erfreuen,
   mit deiner Blumen Zier.

7. **Der Mai ist gekommen, die Bäume schlagen aus.**
   Da bleibe, wer Lust hat, mit Sorgen zu Haus.

8. **Und wieder blühet die Linde**
   am quellumrauschten Gestein,
   mit Vogelsang, Lust und Liedern
   zieht wieder der Frühling ein.

Quellenverzeichnis

Bildnachweis:

S.2,4: © Guz Anna / Fotolia, 6/7: © seewhatmitchsee / Fotolia, S.8/9 (von oben links nach unten rechts): © Wikimedia / Lothar_Wolleh, © Wikimedia / Willy Pragher, © picture-alliance, © picture alliance / dpa, © scimmery1 / Fotolia, © Wikimedia / Materialscientist, © picture-alliance, © picture alliance / Sven Simon, S.10: © Poznyakov / shutterstock, S.11: © 2windspa / Fotolia, S.13: © sarsmis / shutterstock, © Wolfgang Jargstorff / Fotolia (Adventskranz), S.14: © engelchen / Fotolia, S.16: © K.-U. Häßler / Fotolia, S.17: © Marty Kropp / Fotolia, S.18: © pics / Fotolia, S.22: © Elena Schweitzer / Fotolia, S.23: © picture alliance / dpa, S.24: © Jag_cz / Fotolia, S.25: © picture alliance / akg-images, S.27: © picture alliance / Farabola / Leemage, S.28/29: © doris oberfrank-list / Fotolia, S.29: © picture alliance / AP Images, S.30: © Miguel Cavazos / Fotolia, S.32/33: © epd-bild / Gütersloher Verlagshaus, S.34/35: © U. Hardberck / Fotolia, S.36/37 (von oben links nach unten rechts): © picture alliance / dpa, © Wikimedia_Para, © Halfpoint /Fotolia, © Wikimedia_Marku1988, © arcadi62 / Fotolia, © StockPhotosArt / Fotolia, Verlagsarchiv, S.38: © bidaya / Fotolia, S.39: © VRD / Fotolia, S.40: © Bundesarchiv, Bild 194-1354-36A / Fotograf: Hans Lachmann, S.39: © eyewave / Fotolia, S.44/45: © Studio Barcelona / shutterstock S.46: © Miguel Garcia Saavedra / shutterstock, S.47: © I love photo / shutterstock, S.48/49 unten: © T. Michel / Fotolia, S.49 oben: © Wikimedia / Magnus Manske, S.50: © Pawel Kazmierczak / shutterstock, S.51: © Martin P. / Fotolia, S.52: © Elnur / shutterstock / Fotolia, S.53: © KUCO / shutterstock, S.54: Verlagsarchiv, S.56: © picture-alliance / akg-images / Gardi (li), © picture alliance / akg (re), S.58: © Bundesarchiv, B 145 Bild-F003951-0012 / Rolf Unterberg / CC-BY-SA 3.0, S.59: © KNA-Bild, S.60: © viktorypix / shutterstock, S.62: © ZoomTeam / Fotolia, S.63: © picture alliance / Sascha Radke, S.64: © Karin Hildebrand Lau / shutterstock, S.66: © picture alliance / Chris Wallberg, S.67: © picture alliance / dpa, S.68: © vladstar / Fotolia, 69: © KNA-Bild, S.70/71: © chungking / shutterstock, S.72/73 (von oben links nach unten rechts): Verlagsarchiv, © picture-alliance / dpa, © picture alliance / AP Photo, © KNA-Bild, © picture alliance / United Archives, © picture-alliance / Kurt Rohwedder, S.74: © BABAROGA / shutterstock, S.75: © Wikimedia / Eloquence, S.76/77: © Kautz15 / Fotolia, © picture-alliance / dpa (re), S.78: © epd-bild / Hans Lachmann, S.79: © epd-bild / Deutscher Evangelischer Kirchentag, S.80/ 81: © KNA-Bild, S.83: Bundesarchiv, B 145 Bild-P060355 / CC-BY-SA 3.0, S.84: © JoemanjiArts / shutterstock, S.86: © kesipun / Fotolia, S.87: © picture-alliance / Eventpress Stauffenberg, S.88: © emmor / shutterstock, S.89: © Thomas Söllner / Fotolia, S.90: © denis_333 / Fotolia, S.92: © tomertu / shutterstock, S.93: © Julie Hagan / Fotolia, S.94/95: © picture-alliance / dpa, S.96: © Elzbieta Sekowska / shutterstock, S.97: © Bjoern Wylezich / shutterstock, S.98: © Anatoliy Cherkas / shutterstock, S.99: © Goldengel / Fotolia, S.100: © carlos castilla / shutterstock, S.101: © Heath Doman / shutterstock, S.102/102: © Jag_cz / Fotolia, S.104/105 (von oben links nach unten rechts): © picture-alliance/ dpa, © Marek Slusarczyk / Fotolia, © picture alliance / AP Images, © Wikimedia / Manfredo Ferrari, © picture-alliance/ dpa, © ArTo / Fotolia, S.106: © Oleksandr Shevchenko / Fotolia, S.107: © Michaela Stejskalova / shutterstock, S.108: © mauritius images / GL Archive / Alamy, S.109: © mauritius images / Ivan Vdovin / Alamy, S.110/111: © KNA-Bild, S.114/115: © picture-alliance, S.116: © mauritius images / MARKA / Alamy, S.117: © mauritius images / cineclassico / Alamy, S.118: © picture-alliance / jazzarchiv, S.119: © mauritius images / CBW / Alamy, S.120: © Inspir8tion / Fotolia, S.121: © Horatiu Bota / shutterstock, S.122: © Africa Studio / Fotolia, S.123: © picture-alliance / dpa, S.124: © hfox / Fotolia, S.125: © picture-alliance / akg-images

Textnachweis

S.20-22: „Monolog eines Kellners“ von Heinrich Böll aus: „Heinrich Böll. Werke. Kölner Ausgabe. Bd. 12. 1959-1963.“ herausgegeben von Robert C. Conrad © 2008, Verlag Kiepenheuer & Witsch GmbH & Co. KG, Köln / Germany

S.26-28: Giovanni Guareschi, „... bis zur Silvesternacht“, aus: Ders., „Grazie Don Camillo“ © 1990 Ullstein Buchverlage GmbH, Berlin

S.42-45: Albert Bichler, Im Morgengrauen zum Osterfeuer, aus: Hans Gärtner (Hg.), Freu dich auf Ostern. Neue Geschichten für die ganze Familie,

Bibliografische Information der Deutschen Nationalbibliothek
Die Deutsche Nationalbibliothek verzeichnet diese Publikation in der Deutschen Nationalbibliografie; detaillierte bibliografische Daten sind im Internet über http://dnb.d-nb.de abrufbar.

ISBN 978-3-7462-4834-9

Umschlaggestaltung: Ulrike Vetter, Leipzig
Umschlagillustration: © Guz Anna/Fotolia
Gesamtherstellung: Kontext, Lemsel (A)